MATÍAS KORNETZ

GUARDADO EN SU CORAZÓN

**CUANDO UN CORAZÓN
ROTO VUELVE A LATIR**

Las citas de la Escritura marcadas (RVR 60) han sido tomadas de la versión Reina-Valera 1960 * © Sociedades Bíblicas en América Latina, 1960. Todas las citas de la Escritura han sido tomadas de la Santa Biblia, Nueva Versión Internacional® NVI® © 1999, 2015 por Bíblica, Inc.®, Inc.® Usadas con permiso de Bíblica, Inc.® Reservados todos los derechos en todo el mundo. Texto bíblico tomado de la Traducción en lenguaje actual © 2000 Sociedad Bíblica Internacional. Usado con permiso. Todos los derechos reservados. La Biblia : La Palabra de Dios para Todos (PDT) © 2005, 2008, 2012, 2015 Centro Mundial de Traducción de La Biblia © 2005, 2008, 2012, 2015 Bible League International

GUARDADO EN SU CORAZÓN
Cuando un corazón roto vuelve a latir
POR MATÍAS KORNETZ

Publicado y Distribuido por EDITORIAL RENACER
Paperback   978-1-963920-34-5
Hardback   978-1-963920-35-2
E-book   978-1-963920-36-9
Diseño de Portada e interior: Pablo Montenegro

IMPRESO EN ARGENTINA
Ninguna parte de este libro puede ser reproducida o transmitida de ninguna manera ni por ningún medio, electrónico o mecánico, fotocopiado o grabado, ni por ningún sistema de almacenamiento y recuperación (o reproducción) de información, sin permiso por escrito del autor.

Contenido

AGRADECIMIENTOS 5
PRÓLOGO 7
CAPÍTULO 1   VIVIR PARA CONTARLO 11
CAPÍTULO 2   RESULTADOS DE VIDA 27
CAPÍTULO 3   UN NUEVO INTENTO 35
CAPÍTULO 4   CUANDO EL LADRÓN EN LA NOCHE ES TU PAPÁ 43
CAPÍTULO 5   SE ACTIVA MI MEMORIA 51
CAPÍTULO 6   LOS PRIMEROS CAMBIOS EN LA FAMILIA 61
CAPÍTULO 7   DEL SUEÑO A LA PESADILLA 73
CAPÍTULO 8   LA TRISTEZA DEL MUNDO PRODUCE MUERTE 83
CAPÍTULO 9   EL SILENCIO ES UNA ENFERMEDAD LETAL 91
CAPÍTULO 10 LAS RELACIONES ERAN NUESTRO ÚNICO CAPITAL ... 99
CAPÍTULO 11 UNA SALIDA POCO AGRADABLE 107
CAPÍTULO 12 LA NUEVA CASA 115
CAPÍTULO 13 LA DECISIÓN ESTABA EN MIS MANOS 123

CAPÍTULO 14	ABRÍ LA PUERTA EQUIVOCADA	131
CAPÍTULO 15	LOS CAMINOS DE LA CALLE	141
CAPÍTULO 16	EL TIRO SALIÓ POR LA CULATA	149
CAPÍTULO 17	LA ESQUIZOFRENIA DE LA CALLE	159
CAPÍTULO 18	DE LA LEPRA A LA AMISTAD	169
CAPÍTULO 19	OPERATIVO RESCATE	177
CAPÍTULO 20	UNA OPERACIÓN SIN ANESTESIA	187
CAPÍTULO 21	RETROCEDER NUNCA, RENDIRSE JAMÁS	195
CAPÍTULO 22	GRANDES MOTIVACIONES	203
CAPÍTULO 23	LA RESTAURACIÓN DUELE	211
CAPÍTULO 24	UN ENCUENTRO MÁS QUE ESPECIAL	219
CAPÍTULO 25	LA AVENTURA RECIÉN EMPIEZA	227
CAPÍTULO 26	MUCHO MÁS QUE ESTUDIAR	235
CAPÍTULO 27	UNA NUEVA VIDA	243
CAPÍTULO 28	DIOS ME DA MÁS DE LO QUE IMAGINÉ	251
CAPÍTULO 29	ADORA A DIOS Y ÉL LO HARÁ	259
CAPÍTULO 30	UN NUEVO PARADIGMA	267
CAPÍTULO 31	PROSIGO A LA META	275

Agradecimientos

Este libro no se habría escrito si no hubiese sido por la incondicional ayuda de Dios. Antes, durante y después del proceso de mi recuperación, Jesús estuvo a mi lado para animarme y darme las fuerzas necesarias. Puedo decir sin miedo a equivocarme que es a Él a quien le debo mi vida y este libro. Gracias, Señor Jesús.

Abi es mi compañera en la aventura de vida, mi amiga, mi novia, mi esposa y mi equipo. En las buenas y en las malas, siempre está a mi lado sin importar los resultados. Sin ella nada sería igual y Dios eso también lo sabe, gracias.

Mi familia es coprotagonista en este libro, ellos son el libro abierto y sin ellos esta historia no existiría. A mi mamá, mi padre, que descansa en paz, y a mis hermanos les agradezco el apoyo y la incondicional ayuda en esta nueva vida.

Los amigos son el pulmón de esta gran carrera, ellos me alientan e impulsan a lograr cada uno de los objetivos que me trazo y, como dice Marcos Vidal, mi artista favorito, *"son amigos y no tengo que dar nombres ni apellidos, porque ellos mismos ya se dan por aludidos"*.

La iglesia es el lugar donde me encuentro con los que buscan lo mismo que yo, quienes dedicaron y dedicarán de su tiempo para hablarle bien de mí a quien tiene el control de todas las cosas. Mis hermanos en la fe, quienes velan por las noches y me abrigan con sus oraciones o prefieren recordarme por las mañanas antes que desayunar, quienes ríen y lloran conmigo. A ellos, los de todos lados, quienes siempre me recuerdan lo importante que es ser familia y hacer iglesia. Gracias, gracias y más gracias.

Gracias a mis maestros y profesores en esta difícil tarea, los chicos de la calle, quienes todos los días y de manera gratuita me enseñan algo nuevo. Les aseguro que esto también es por ustedes y por las miles de familias que aún creen que no hay esperanza. Juntos les demostraremos que sí se puede. Gracias.

Y por último, gracias a las piedras del camino, a los pozos y murallas que han hecho de esta aventura una experiencia inolvidable, que sirvieron para que mi carácter sea fortalecido y mi fe se active por la gracia de Dios empoderándome hasta la cima de lo que hoy es mi primer libro Restaurado.

*Den gracias en todo, porque ésta es la voluntad
de Dios para ustedes en Cristo Jesús.*

1 TESALONICENSES 5.18 NBLH

Prólogo

Conocimos a Matías mientras cursaba su diplomatura en liderazgo juvenil. Tuvimos el privilegio de tenerlo de alumno. Su aspecto sencillo no te permite anticipar que dentro de él hay tanto para compartir. Nos aproximamos por primera vez a su historia cuando compartió una anécdota con todo el grupo, luego fuimos conversando más y pudimos conocer otros detalles del por qué estaba invirtiendo en esta capacitación y cuáles eran sus sueños.

Durante muchos años, Matías guardó en su corazón recuerdos, experiencias e historias de vida que hoy se anima a compartir. Cada una de ellas le han servido para construir su vida, formar su carácter, descubrir su vocación; pero, por sobre todas las cosas, para encontrarse con Dios de diversas maneras, en diferentes lugares y tiempos, para llegar a comprender que Él no lo había abandonado, y que *Dios cumpliría su propósito*.

Hoy Matías abre su corazón a través de estas páginas y nos cautiva con un relato autobiográfico, en el que nos comparte hechos y emociones de una vida turbulenta. Abre su corazón y nos presenta su niñez difícil, con las historias cruzadas de papá y mamá, que no podían mantener acuerdos.

Abre su corazón y comparte no solo su historia, sino también las decisiones que cada uno de sus hermanos iban tomando sumergidos en el mismo contexto.

Abre su corazón y nos lleva a descubrir la importancia de los amigos, de las relaciones de vida que construimos, de los referentes adultos que tanto necesitamos en el mundo de hoy, y que muchas veces suplen el rol de mamá o papá ausente.

Abre su corazón y nos sumerge en las historias que se tejen a la noche, en la calle, en las zonas marginales, y nos hace ver que la miseria del alma, la angustia y el dolor están mucho más cercanos de lo que imaginamos.

Abre su corazón y nos muestra todo lo guardado durante tanto tiempo, con la certeza de que compartirlo puede ser de muchísima ayuda. Una historia de la que algún docente, psicopedagogo, líder o pastor podría decir: *"en este lugar, con esta familia y esta vida… este pibe no tiene ninguna chance"*. Sin embargo, al recorrer las páginas de este libro verás una y otra vez lo que Dios hace cuando nos dejamos sorprender por su obrar y abrazar por su amor.

Al leer cada una de las páginas, se enciende en nuestro corazón la oración del rey David: *El Señor llevará a cabo los planes que tiene para mi vida, pues tu fiel amor, oh Señor, permanece para siempre. No me abandones, porque tú me creaste.* (Salmos 138.8)

El amor de Dios hace de Matías, y de cada uno de nosotros, su creación única e invaluable. Él no está dispuesto a abandonarnos, aunque nosotros le demos la espalda. Va a buscarnos hasta lo más oscuro, nos sorprende en las cosas más simples, porque su amor permanece para siempre. Aunque a veces no entendamos su recorrido o no podamos esperar sus tiempos, su amor y su fidelidad son para siempre.

Así lo experimentó Matías, así lo vemos en su vida y nos renueva la esperanza de saber que muchos niños, adolescentes y adultos a los que hoy la sociedad tiende a darles la espalda, se identifiquen con algún personaje de esta historia real, y puedan sorprenderse al descubrir a un Dios que hace todas las cosas nuevas y es fiel en cumplir su promesa.

¡Gracias, Matías, por no guardar tu historia, por abrir tu corazón y compartirla!

Roberto "Boby" Bermúdez
Walter Bongiorno

CAPÍTULO 1

Vivir para contarlo

Porque me libraste de la muerte y evitaste que mis pies tropezaran para que ante ti camine en la luz de la vida

SALMOS 56.13 RVC

Una de las historias que marcó mi vida de manera significativa, y me ayudó a fundar mi fe no está en la Biblia. No es la historia de Abraham, ni la de Isaac ni la de Jacob aunque ellas me ayudaron en gran manera. La que me cimentó, la que me dio el fundamento para poder decir con fuerza y valor: "Yo creo en Jesús" es la siguiente:

El 10 de octubre de 1948, en Buenos Aires, Argentina, nacía una niña. Su nombre era Elvira, más conocida por todos como Elvirita. Su padre había nacido en Portugal y su madre era oriunda de la Provincia de La Pampa.

Desde muy pequeña, Elvira había caminado tras el sueño de ser una bailarina de danzas clásicas, y para lograrlo se esforzó mucho. Sus condiciones y disciplina la llevaron a escenarios muy importantes de la Argentina.

A los 17 años se enamoró por primera vez. El chico se llamaba Eduardo y juntos llevaron adelante una relación de 5 años. Elvira estaba profundamente enamorada. Sin embargo, una mañana y sin saber bien por qué Eduardo decidió irse a vivir a la provincia de Córdoba y abandonar a Elvirita. Nada parecían importarle los daños que pudiera ocasionar su partida. Tras esta dura noticia Elvirita no solo se quedó con los recuerdos, sino también con un incipiente embarazo. La desesperación de su madre promovió la idea de abortar y así lo hicieron. Esto no hizo más que sumar angustia a la partida de Eduardo. Y tras varios intentos de suicidio, Elvirita terminó sumergida en una profunda depresión. Sólo tenía 21 años. Los profesionales de la salud mental decidieron internarla para un tratamiento, y así logró recuperarse de aquella traumática situación. Sin embargo, la herida aún estaba abierta, cualquier movimiento en falso detonaría el dolor.

> *"Una de las historias que marcó mi vida de manera significativa, y me ayudó a fundar mi fe no está en la Biblia."*

Elvira era una artista y en su deseo de expresar su amor a través del arte, también estaba el de ayudar a las personas con menos recursos. Por esa razón se sumó a un proyecto solidario en una Unidad Básica de Villa Adelina. Allí colaboraba en sus tiempos libres. Desarrollando esta tarea conoció a un joven apuesto que se destacaba por su coraje e inteligencia, por su compromiso con el barrio y la gente de menos recursos. Todo eso cautivó el corazón de Elvirita y terminó por enamorarla. Así Elvirita volvió a creer en el amor que alguna vez había conocido, pero del cual le había quedado un sabor amargo.

La tarea solidaria les permitió descubrir que tenían muchas cosas en común, y poco a poco comenzaron una relación hermosa. Compartían tardes de debate, trabajo, cafés y libros. Todo los unían cada vez más y no pasó mucho tiempo hasta que decidieron vivir juntos y empezar una nueva historia: la historia de Elvira y Gregorio.

Por segunda vez Elvirita exponía su corazón herido a una situación de riesgo. Claro que no deseaba seguir sufriendo y mucho menos equivocarse, pero no estaba tomando las precauciones necesarias.

Elvira y Gregorio colaboraban con varias tareas solidarias como llevar la merienda a los barrios más carenciados, hacer aportes educativos y ayudar a la gente de menos recursos a leer, escribir y conseguir empleo. En medio de esta tierna historia de amor y vocación, se cruzó una desafortunada realidad que terminaría afectando sus vidas de manera definitiva.

El 24 de marzo de 1976 los militares derrocaron a la Presidente María Estela Martínez de Perón, y se instaló así una dictadura de tipo permanente. Esto trajo muchos cambios en todo el país, pero yo solo puedo hablar de Elvirita. Ella no logró dimensionar el riesgo, y continuó con su trabajo solidario, a pesar de la prohibición que establecieron los militares. Muchos de los que trabajaban con Elvira en esta organización comenzaron a buscar formas y estrategias para continuar con el proyecto y se encontraban a escondidas. Otros huían intentando salvar sus vidas, pues esta tarea se había vuelto peligrosa.

La historia de Elvira y Gregorio quizás sea una más de tantas que se han escuchado, pero para mí no es cualquier historia. Es la historia de mi mamá y me detengo a pensar con admiración en cada palabra que escribo porque ella fue la mujer por la cual Dios me dio la vida.

Ella no buscaba una posición política, no quería ir tras los ideales montoneros. Estaba algo confundida, todavía no superaba la tristeza que le dejaron su anterior relación y el aborto.

Quizás su único deseo era pertenecer a un grupo, ser amada y formar una familia. Así se involucró en esa aventura que desafortunadamente le traería más problemas de los que ya tenía.

A medida que el terrorismo de Estado avanzaba, todo se tornaba más violento, pero ella solo quería continuar con el proyecto de hacer propia la necesidad ajena y ayudar a los demás a superar los obstáculos que la vida les presentaba. Pero los peligros eran cada vez mayores y cuando se dio cuenta, ya era tarde, estaba en medio de dos líneas de batalla.

La primera noticia desesperante fue la detención del hermano de Elvirita, Juan, quien tras haber sufrido un torturante interrogatorio les dio a los militares la información que los ayudaría a dar con el resto de los asociados. Días después detuvieron a Gregorio y lo llevaron, afortunadamente, al mismo sitio donde estaba Juan. La siguiente detenida fue mi mamá.

Había acordado encontrarse en un bar con uno de los líderes montoneros para pedirle ayuda por la detención de su pareja y su hermano. En la esquina convenida para el encuentro los sorprendió la frenada paralizante de un Ford Falcon. Dos hombres bajaron, los encapucharon, los golpearon y los llevaron a la comisaría de Bulogne, donde los obligaron a hablar. Después del interrogatorio, mi mamá, Gregorio y Juan se reencontraron. Al líder montonero que habían secuestrado junto con mi mamá lo mataron en ese mismo instante.

Juan identificó el lugar donde estaban detenidos, porque logró reconocer que se trataba del mismo lugar en el que él había hecho el servicio militar. Por eso sabemos que los tres fueron ingresados por la puerta cuatro de Campo de Mayo.

En la puerta cuatro se encontraron con cientos de personas, muchas de ellas sin vida. Su situación era muy difícil, porque los tenían identificados como parte del grupo montonero y, por esa razón, los militares insistían en que les dieran información. Para obtenerla, los golpearon y torturaron, y como no podían dar datos, decidieron utilizarlos para reconocer a las personas, tanto vivos como muertos, y decir si eran montoneros o no. La realidad es que mi madre, Gregorio y Juan no estaban tan informados como para serles útiles, pero esto no era algo que se pudiera discutir con la gente al mando, ellos solo daban órdenes.

Durante los primeros días conocieron a quienes estaban al mando del pabellón, sus sobrenombres y rostros. Gregorio comenzó a ser solicitado por los militares para realizar tareas que a ambos beneficiaban, a los militares les simplificaba el trabajo y a ellos les prolongaba la vida. Meses después de la detención ilegal, mi madre quedó embarazada. La noticia llegó a oídos de los militares, pero no los alarmó ya que en sus perversidades también había planes para los bebés. Gracias al embarazo y la relación que había establecido con los militares, la pareja de mi mamá logró que les dieran una habitación, que también les trajo muchos problemas. Por un lado, las otras víctimas pensaban que ellos formaban parte de los militares y que por eso les daban ese privilegio, mientras que por otro lado, esa habitación, que en principio se pidió para cuidar a Elvirita y su embarazo, término siendo un lugar de abuso, al que llegaban los militares para realizar sus perversiones, de las que Elvirita fue testigo y víctima.

¡Cuánta violencia tuviste que soportar, mami! Esto provoca en mi corazón varios sentimientos muy distintos. Por un lado, dolor cuando te escucho contarme esas experiencias que te marcaron y me imagino las humillaciones a la que te sometieron y saber que ya habías vivido experiencias muy traumáticas en tu vida adolescente y ver que ahora nuevamente te lastiman de esa forma. Pero por otro lado, pienso en esas personas que dedicaron su vida a dañarte y abusar de las personas como si sus vidas no valiesen nada, decidiendo sobre ellas como si fuesen superiores. Entonces, en esos momentos, recuerdo el fin que les espera a los que hacen tales atrocidades y pesa más en mí el deseo de misericordia y perdón que el de castigo eterno. Es por eso que ruego a Dios piedad por quienes cometen tales actos. Aunque mi madre haya sido víctima, no deseo el mal para ellos, solo el perdón de Dios y que cumplan las condenas correspondientes ante las leyes argentinas.

Yo creo en un Dios que ama y perdona sin medida, no hay error que cometa el hombre que no pueda ser perdonado. No hay hombre, por más maldad que haya en su corazón, al que Dios no pueda amar. Con sus palabras transformadoras, Dios ha podido ablandar hasta los corazones más duros. Por eso, aunque los militares hicieron mucho para ganarse el odio de mi familia, nosotros decidimos perdonarlos y rogar a Dios para que se apiade de ellos.

En aquel lugar era una ironía hablar de vida. Solo se pensaba en muerte, tortura, dolor, agonía, pero de vida, nada. Por eso veo a mi madre como una gigante, una heroína de mi fe. Ella llevaba vida en su vientre en medio de una agonizante espera por lo peor. Pero aun así, en su mente había sueños. Cuando los miedos querían ocuparlo todo, un amor incontenible la animaba a luchar por la vida. Mientras desangraba por dentro, se esforzaba por imaginar el nacimiento de su bebé y la familia que tanto anhelaba.

Durante sus primeros meses de embarazo, se debilitó mucho por la falta de comida, el estrés y los golpes que recibió. Poco a poco sentía cómo una infección urinaria se apoderaba de todo su cuerpo, y ponía en riesgo su vida y su embarazo.

Una mañana, mientras sufría bajo la agonizante realidad, escuchaba los gatillos de los militares, los gritos de las víctimas, los silencios agudos generados por el miedo, las conversaciones morbosas, los llantos desesperantes, las risas perversas, los recuerdos del pasado, las preocupaciones del presente y su vientre que seguía creciendo. Pero en medio de esta oscura situación sucedió algo inesperado.

"En aquel lugar era una ironía hablar de vida. Solo se pensaba en muerte, tortura, dolor, agonía, pero de vida, nada."

Allí estaba Elvirita, acostada sobre su cama, abrumada por todo lo que estaba padeciendo, cuando alguien más se sentó al pie de su cama. Elvirita pudo sentir cómo el colchón se hundía aunque la capucha que permanentemente cubría su cara no le permitía ver quién era y le preguntó:

- ¿Quién sos?
- Tranquila, yo los sacaré con vida--, respondió la voz.

En ese mismo instante mi mamá comenzó a sentir un calor como el de un fuego que no quema, sino que abriga, podía sentir cómo sus heridas internas y externas comenzaban a sanarse, el dolor desaparecía y lo único que permanecía era una profunda alegría que la llevó a gritar:

- ¡Juan, Gregorio! ¡Juan, Gregorio!
- ¿Qué pasa, Elvirita?-, le respondieron.
- Recién vino Jesús y me dijo que nos va a sacar con vida. ¡Era Jesús, y nos va a sacar de acá con vida!

En ese momento, Juan y Gregorio intentaron tranquilizarla. El temor de que los militares fueran a golpearla era tan grande que actuaron rápidamente. Elvirita volvió al silencio, pero con su corazón estremecido por lo que acababa de vivir. Entonces, cuando el silencio se apoderó de ella, comenzaron a oírse murmullos de otras víctimas que decían:

- Ya enloqueció, está agonizando, solo moriremos y ese es nuestro destino.

Es cierto que pensar en vida en un lugar donde se respiraba muerte sonaba absurdo, pero a mi mamá la había visitado el mismo Jesús para traerle un mensaje de esperanza, un mensaje al que no se resistió. Ella podría haberse entregado a la muerte, hasta podría haberla provocado, pero deseaba vivir y Jesús le dio esa oportunidad. Aguantó torturas, golpes, hambre, dolor, abusos, violaciones y hasta la muerte de compañeros de cautiverio. Pero su único objetivo era vivir para contarlo y para cumplir sus sueños de ser madre y construir una familia.

Gracias, Jesús, por acercarte a mi madre en medio de esa oscura realidad y gracias, mami, por creerle a Jesús y dejar que ilumine tu vida, aferrándote a sus palabras.

Sé que lo que te estoy contando es difícil de creer. Pero justamente de eso se trata: todo lo inaudito, lo absurdo y hasta lo imposible, es adonde Jesús quiere llegar. Sé que es más fácil entregarse a la realidad, que creer lo imposible. Pero si nos animamos a creerle a Jesús y entregarle nuestra vida con todo lo que eso significa, por más extraño que suene lo que Jesús nos diga, te puedo asegurar que vivirás para contarlo.

Desde el día que mi mamá recibió la visita de Jesús con esas palabras esperanzadoras, dio el salto al vacío, se entregó a Jesús y esperó su rescate. Algunas semanas después, sometida al mismo maltrato de todos los días, llegó un militar a la habitación para confirmar las palabras que le había dicho Jesús.

- Prepárense que mañana mismo salen en barco a Uruguay.

Imaginate la alegría que tenían en ese momento, estaban siendo liberados luego de cinco meses de puro dolor y sufrimiento, al cual pocos sobreviven. Hoy, como familia le damos las gracias a Dios y le atribuimos toda la responsabilidad por la salvación en la vida de mi mamá y sus dos compañeros.

Ahora tal vez logres entenderme cuando digo que es mi madre quien marcó mi vida como seguidor de Jesús. Me apasionan las historias bíblicas y sin dudas son de gran edificación, pero la historia de salvación de mi mamá es clave en mi fe. Mi corazón vive agradecido a Dios por este milagro que ya alcanzó a dos generaciones en la vida de nuestra familia y alcanzará a muchas más.

Hasta la fecha se habla de 30.000 desaparecidos; es decir, 30.000 familias que aún los esperan, y muchos ya no. Nosotros experimentamos algo de lo que ellos sienten y es mi deseo que al leer estas páginas les lleguen mis palabras de condolencias. Cuando hablo de mi mamá, también me refiero a los familiares que vivieron esta agonizante espera de sus seres queridos. Porque los que esperaban también sufrieron como si estuviesen presos. Y de hecho también lo estaban: presos de la espera, del dolor y de los pensamientos. Pero hay algo que nos une: la esperanza de volver a reencontrarse con sus seres queridos.

Me gusta pensar que Jesús se acercó con palabras de amor a cada uno de los exiliados, que se acercó con consuelo y vida como lo hizo con mi mamá y que todos los que lo recibieron, los que le creyeron, aunque hoy estén muertos en la carne, vivirán en la eternidad junto a Jesús. Y vuelvo a hablarte de la fe como un salto al vacío, así como le tocó decidir creer a mi mamá, también me tocó a mí y quiero invitarte a que te animes a dar este paso. La invitación es para todos, Jesús quiere ayudarnos a vivir y también a morir, pero nos asegura vida eterna y no solo eso, sino el reencontrarnos con nuestros seres queridos para disfrutar la eternidad sin tristezas ni pérdidas. El cielo está abierto para todos los que se animen a saltar al vacío. Y te aseguro que si crees en Jesús como tu único héroe, ayudador, salvador e hijo del Dios altísimo, no te dejará caer, solo saltá y él te recogerá con sus brazos y te pondrá a la misma altura en la que está Jesús.

La historia continuó. Fueron liberados en Uruguay y luego de un tiempo decidieron regresar a la Argentina para reencontrarse con sus padres y darles la esperanzadora noticia de vida. Entonces, como familia, decidieron vender la casa de Villa Adelina y mudarse a Mar del Plata, donde podrían alejarse del pasado traumático que marcó sus vidas para siempre.

En Mar del Plata, nació Celeste, quien fue el triunfo de esta historia de dolor con final esperanzador. Al año siguiente, mi madre recibió la noticia de que Francisco estaba en camino y así la familia se agrandaba.

> *"El cielo está abierto para todos los que se animen a saltar al vacío."*

Meses más tarde pasaría algo que desalentaría a la familia por completo. Lamentablemente, todo lo que les tocó vivir fue tan fuerte y tan difícil de asimilar, que Gregorio sufrió una invasión de pensamientos tormentosos y desesperantes y no logró encontrar fuerzas para continuar, por eso decidió irse de la casa sin explicar adónde, ni hasta cuándo. Así, mi mamá se quedó sola al cuidado de Celes y Fran, y tuvo que aceptar esta nueva y difícil realidad de continuar sola con la crianza de sus hijos. Pero una vez más el mismo que se había acercado para darle vida y liberarla de la esclavitud, le daba las fuerzas para no caer y la tomaba de la mano en los momentos de angustia y dolor. Desde aquel día nunca más estuvo sola, bastaba recordar aquel momento y la bondad con la que fue alcanzada por Jesús, para sentirse nuevamente animada y fortalecida.

Porque yo, el Señor tu Dios, te he tomado de la mano; yo te he dicho: No tengas miedo, yo te ayudo

ISAÍAS 41.13

Así, con la ayuda de Dios, y su familia, mi mamá crió y cuidó la vida de sus dos hijos. Nunca abandonó sus sueños y de a poco fue creciendo en su profesión, tomó cargos de docente, volvió a participar del ballet y logró construirse un presente laboral seguro para ella y los chicos.

(Luego de treinta y siete años de silencio, mi mamá se animó a declarar ante el juez todos los padecimientos que vivió, y tras haber sido una testigo clave en la causa de Campo de Mayo, junto a otras víctimas que aportaron datos significativos, en el año 2015 se decretó Campo de Mayo como lugar de exterminio). Gracias, mami.

"Porque yo, el Señor tu Dios,
te he tomado de la mano;
yo te he dicho: No tengas
miedo, yo te ayudo."

REFLEXIONEMOS

¿Cuáles son las frases de este capítulo que hablaron a tu corazón y que no deseas olvidar?

¿Quién es esa persona que marco tu historia para bien y porque?

CAPÍTULO 2

Resultados de vida

Mejor es un bocado seco, y en paz, que casa de contiendas llena de provisiones

PROVERBIOS 17.1 RVR60

En Buenos Aires había una familia judía formada por Nicolás, su esposa Brunilda y sus dos hijos, Mauricio y Rosalía. La familia disfrutaba de una buena posición social y económica. Vivían en una casa hermosa, con muchas comodidades, personal doméstico las 24 horas del día, lujos y privilegios. Brunilda era una excelente profesora de piano, también había compuesto varias piezas importantes y gozaba de una gran reputación. Por otro lado, Nicolás era un prestigioso empresario, dueño de una de las empresas de electricidad industrial más importantes de la Argentina. Su deseo era darles a sus hijos la mejor educación, así que buscaron una buena escuela a la cual confiarle esa responsabilidad. Como el matrimonio estaba muy ocupado con sus compromisos, pasaban gran parte del tiempo fuera de la casa y los chicos quedaban al cuidado del personal.

La ausencia de los padres fue provocando daños en la vida de los chicos, pero el que se vio más afectado fue Mauricio. Las primeras llamadas de atención vinieron de la escuela, que citó a los padres por un problema de comportamiento. Se trataba de una escuela católica y Mauricio se negaba a rezar como era costumbre en el establecimiento, porque decía que él y su familia eran judíos, aunque no ortodoxos. Le llamaron la atención y le dijeron que si no estaba dispuesto a cumplir con las pautas, debía retirarse del salón. Mauricio se levantó y dijo: "Está bien, yo me voy, pero él se viene conmigo" y, agarrando a un Cristo tallado en madera que soportaba una cruz con sus brazos, salió y cerrando la puerta, dijo: "Él también era judío".

Esta simpática anécdota comenzó a traerle algunos problemas con su padre, quien no aceptaba que se comportara de esa forma insolente. Aparentemente el reproche era que Mauricio desaprovechaba las oportunidades que los padres le daban, pero a su vez ignoraban que Mauricio necesitaba otro tipo de atención. Su salud mental estaba presentando algunas alteraciones que sus padres no habían logrado detectar. Quizás la indiferencia del padre lo afectó y la sobreprotección de la madre le produjo aún más daños, no lo sé, pero lo cierto es que Mauricio no soportaba más el rechazo afectivo del padre y no aceptaba que le diera a su hermana la atención que él estaba reclamando. La justificación de Nicolás era siempre la misma: "Rosalía es mujer". Nicolás pensaba que entre hombres no podía haber besos ni caricias, sí respeto y un fuerte apretón de manos.

Por otro lado, Brunilda sí podía percibir el dolor de su hijo e intentó suplir sus necesidades, pero está claro que a un padre no se lo puede sustituir. La construcción del vínculo de Mauricio con su mamá era muy fuerte pero no lo suficiente como para seguir viviendo bajo el mismo techo de quien lo despreciaba como él sentía que lo hacía su padre.

Por eso, tras tanto dolor y rebeldía que le generaba ver que la situación no iba a cambiar, decidió irse de su casa. Unos días más tarde comenzó a trabajar paseando perros para poder alquilar un departamento. Mientras tanto, su madre seguía ayudándolo e intentó convencerlo de regresar, pero a pesar de sus escasos 15 años, Mauricio tenía bien claro lo que quería hacer.

Dentro de su adolescencia se movía muy responsablemente en la decisión de independizarse. El trabajo con los perros le enseñó a manejar el dinero, conocer las calles y tratar con la gente. Así, poco a poco, logró tener sus cosas.

A los 16 años conoció el negocio de los autos y comenzó a trabajar en una concesionaria acomodando los vehículos. Tiempo después lo ascendieron a vendedor, entonces se dio cuenta de que tenía habilidad para la venta, y sus ingresos se incrementaron. Esto lo ayudó a crecer aún más, y no había dudas de que le gustaba el dinero.

Un año después se enamoró de una mujer. A los 18 ya se había casado y estaba formando su propia familia con el bebé que venía en camino. En medio de esta aventura de ser adulto responsable y demostrarles a sus padres que él podía solo y no necesitaba de su dinero para tener un futuro seguro, siguió creciendo en el negocio de los autos.

Un día recibió la triste noticia de que su padre, con quien él seguía profundamente enojado, había enfermado de cáncer y su salud pendía de un hilo. El enojo y el orgullo no permitieron que Mauricio se acercase como debería haber hecho. Pero, ¡quién puede juzgar la decisión de un joven que sufrió desde su adolescencia el rechazo o la ausencia de un padre y decide no perdonarlo!

Por su parte, Nicolás, después de recibir la noticia, decidió vender la empresa que había construido con tanto esfuerzo, también vendió la casa y compró un departamento en el barrio de Once. Hizo un viaje alrededor del mundo con Brunilda para disfrutar de sus últimos días al lado de la mujer a la que amó toda su vida.

Finalmente, Nicolás murió y Brunilda quedó sola en el departamento de Once. Desde ese día Mauricio se acercó más a su madre y cuidó de ella con el profundo amor que le tenía.

Mauricio siguió adelante con su proyecto familiar. Tras algunos años de matrimonio, se sumaron 4 hijos más. Sus responsabilidades eran muy grandes y en ese momento comenzó a verse afectado por los saltos que había dado en su adolescencia. Quemar etapas o adelantar los procesos le acarrearon algunas consecuencias. En esta reflexión, Mauricio comenzó a sentirse confundido y se dio cuenta de que no estaba bien, su vida giraba en función del dinero, enloquecía por los negocios y solo para eso vivía. Su mente brillante trabajaba y trabajaba, pero los resultados no eran exitosos, tenía sueños enormes pero no lograba concretarlos. Esta situación lo condujo a una depresión.

Se acumulaban sus muchas tristezas, el compromiso de ser padre y esposo, la responsabilidad de proveer para su familia, el afán por los negocios que hasta el momento no habían podido estabilizar su economía, la muerte de su padre, la soledad de su mamá y muchas cosas más que lo hacían sentirse acabado. Aun cuando su situación económica no era la peor, él se sentía sin fuerzas para continuar. A pesar de ser joven para salir adelante, estaba dispuesto a entregarse.

En medio de ese difícil momento y tras una serie de conflictos matrimoniales, Mauricio se separó de su esposa y dejó la casa donde hasta aquel día había vivido con sus hijos.

Esta es la historia de mi padre antes de que yo naciera. Él mismo me la contó y se atrevió a reconocer que no había hecho las cosas bien desde su adolescencia, lo cual trajo consecuencias que, según él, podrían haberse evitado.

No aceptar la forma de ser de su padre y no concluir adecuadamente su etapa como hijo fueron los mayores errores que mi papá creía haber cometido. La sobreprotección de su madre lo perjudicó en gran manera. Abandonar el colegio, irse de su casa e independizarse con apenas 15 años, la falta de perdón y la autosuficiencia provocaron en él una raíz de amargura que arrastró durante muchos años. El rencor y el orgullo endurecieron su corazón. El afán por ser un gran empresario y la obsesión por los negocios nunca le permitieron disfrutar de lo que ya tenía. El mayor error que él reconoció, y que me dejó como enseñanza, fue no haber sido previsor, es decir, no cuidó en los tiempos de buena cosecha, considerando que en el futuro podría llegar a cambiar su situación.

Estas y muchas otras decisiones hicieron que sus proyectos no se vieran sostenidos en el tiempo o edificados sobre bases sólidas.

Tiempo después, Mauricio salió en búsqueda de otra oportunidad, dejando atrás a su esposa y a sus cinco hijos.

REFLEXIONEMOS

¿Podrías redactar en un párrafo lo que sabes de la niñez de tus progenitores o tutores?

....
....
....
....
....
....
....
....
....
....

¿Cuáles son los parecidos que encuentras entre tus padres y tú durante la niñez?

....
....
....
....
....
....
....
....
....
....

CAPÍTULO 3

Un nuevo intento

Yo te elegí antes de que nacieras;
te aparté para que hablaras en mi
nombre a todas las naciones del mundo

JEREMÍAS 1.5 TLA

Una mañana Elvirita se despertó muy triste y una de las formas que tenía para distraerse era haciendo manualidades: tejía, cosía, bordaba y a veces también pintaba. Ese día decidió hacerse un pantalón y trabajó duro para terminarlo. Una vez que lo terminó, decidió salir a dar una vuelta con la excusa de estrenarlo y tomar un poco de aire fresco en el centro de la ciudad.

Ese día se lo había reservado para ella. Mientras caminaba, decidió entrar en una heladería y darse un gusto más. Al salir de regreso a la casa, un hombre comenzó a elogiarla: "Qué hermosa mujer, nunca vi unos ojos tan lindos". Mientras Elvira seguía caminando, el hombre iba tras ella diciéndole cosas agradables. Finalmente, Elvirita no se aguantó la gracia con la que este señor le estaba hablando y sonrió. Esa sonrisa fue suficiente para que la invitara a tomar un café, que ella aceptó con gusto. Gracias a ese café Elvirita y Mauricio se conocieron. Él había viajado a Mar del Plata para realizar algunos negocios.

Luego del café en el que compartieron un poco de sus vidas, quiénes eran, de dónde venían y hacia dónde iban, Mauricio se ofreció llevar a Elvirita hasta donde ella vivía. Desde aquel día, la visitó varias veces y de esa manera se fue ganando su corazón. Algunos meses después, Elvira descubrió que él tenía cinco hijos de un anterior matrimonio. Esto desató un conflicto, porque Mauricio se lo había ocultado, pero como dice una conocida canción: "el amor es más fuerte". Así que ambos decidieron seguir adelante con la relación y, luego de un tiempo, comenzaron a convivir en una casa quinta que alquilaron. Una vez instalados, Mauricio, Elvira, Celeste y Francisco iniciaron el proyecto de familia ensamblada. Tiempo después, Elvira conoció a los hijos de Mauricio, quienes de a poco fueron aceptando la nueva relación de su padre.

Mauricio siempre buscó innovar en los negocios, pero no todas sus ideas eran brillantes, por lo cual había tiempos en los que el dinero abundaba y otros en los que faltaba para completar los pagos del mes. Mientras tanto, ellos se seguían conociendo. Tanto Elvira como Mauricio tenían historias difíciles y, si en algún punto se parecían, era en que ambos estaban muy afectados por las experiencias del pasado. Quizás no era un buen momento para avanzar en una nueva relación, pero aun así siguieron adelante.

Cuando las cosas parecían funcionar bien, sorpresivamente Elvirita quedó embarazada. La noticia la angustió en gran manera, porque no creía estar en condiciones de tener un hijo más. Apenas podía con Fran de 5 años y Celes de 7 y un bebé no haría más fácil la situación. Elvira recién estaba creciendo en su carrera y esto lo interrumpía todo.

Gracias a Dios decidieron tenerlo y el 4 de julio de 1986 nació Nicolás Kornetz, un bebé hermoso de pelito colorado y ojos claros, que trajo más gozo y alegría para que la relación familiar volviera a florecer.

Con el nacimiento de Nicolás, la relación de Mauricio y Elvira tomaba mayor solidez y compromiso. Aunque no se habían casado, ahora los unía un hijo.

UN NUEVO INTENTO

Al poco tiempo del nacimiento de Nico, Mauricio consiguió un trabajo en la localidad de Maipú, un pueblo a unos 140 km de la Ciudad de Mar del Plata. Para Elvirita, aceptar esta propuesta era una locura: el cambio era total, de vivir en una ciudad donde lo tenía todo pasaba a vivir en un pueblo, con un hombre al que aún no terminaba de conocer. Pero Mauricio y su poder de convencimiento hicieron desaparecer todas las dudas y, sin mucho más que decir, se mudaron. Al llegar, se acomodaron en la casa y en los trabajos, y los niños continuaron sus estudios en la nueva escuela.

Elvira encontró trabajo en las escuelas como profesora y su sueldo ayudaba mucho a la economía de la familia, mientras que Mauricio seguía persiguiendo el sueño de realizar el negocio de su vida. Pero la estabilidad en Maipú no duró mucho. El negocio que le habían ofrecido a Mauricio se convirtió en una compra y venta, por lo cual la casa era un permanente entrar y salir de gente. Era una actividad demasiado inestable para pensar en mantener a la familia.

En medio de esta inestabilidad económica, Elvira volvió a queda embarazada. Si el nacimiento de Nico los había desconcertado, este nuevo embarazo generó caos en la familiar. La noticia afectó a Elvira en gran manera y la condujo a una especie de depresión, producto de la inseguridad y el miedo que le causaba volver a ser madre en medio de una crisis económica. En varias oportunidades tuvo que ser medicada por su frágil salud emocional. Esos medicamentos alteraban el curso normal del embarazo. Elvirita debía ser muy cuidadosa o pondría en riesgo la vida del bebé.

Aunque trataba de ser obediente, no podía controlar sus emociones. Sus desequilibrios bipolares afectaban a toda la familia, en especial al bebé que estaba en camino. En los últimos días del embarazo Elvirita sufrió una hemorragia. Los médicos del hospital trabajaron para detenerla, pero se encontraron con que el bebé había fallecido. Así les dieron la noticia: "Pudimos detener la hemorragia, pero el bebé falleció, ahora estamos preparando el quirófano para extraer los coágulos y al bebé».

En ese mismo instante Mauricio se opuso a la intervención y les exigió a los médicos que prepararan a Elvira porque se la llevaría para que la evaluaran otros profesionales. Tras discutir y forcejear con el personal, Mauricio firmó los papeles correspondientes, tomó a Elvira en brazos y, sin más demoras, la llevó en su auto hasta una clínica a unos kilómetros de distancia. Al llegar, Mauricio les explicó a los médicos todo lo sucedido. Ellos comenzaron a revisarla y encontraron no solo que el bebé estaba vivo, sino que estaba fuera de peligro. Así, el embarazo siguió adelante bajo rigurosos cuidados.

Elvira obedeció todas las indicaciones, hasta que llegó la fecha programada para la operación de cesárea. Y luego de tantas idas y vueltas, tantos malos momentos por los que tuvieron que atravesar y los milagros que Dios les regaló, el 20 de abril de 1988 con 3.250 gramos nací yo, y mis papás me llamaron Matías Javier Kornetz. De esta manera fue como pasé a ser el hermano número nueve de esta familia ensamblada.

Tengo absoluta seguridad de que Dios tiene un plan con cada uno de nosotros, y nuestro paso por la Tierra es para cumplir con ese propósito. Hay un pasaje muy conocido de la Biblia que dice: El ladrón no viene sino para hurtar y matar y destruir; yo he venido para que tengan vida, y para que la tengan en abundancia (Juan 10.10).

Este versículo lo explica todo. Cada vez que en los relatos bíblicos se habla de un bebé que marcaría la historia, como lo fueron Isaac, Moisés, José, Samuel, Jesús, y otros más, antes o después de su nacimiento, sucedía algo que intentaba impedir el propósito divino y estoy seguro de que esa es la forma de operar del enemigo de Dios. Trae sus planes de robo, muerte y destrucción a la vida de las personas y la única forma en que se puede detener este plan es creyendo en Aquel que venció al diablo y a la muerte, el Señor de señores y Rey de reyes, a quien mi mamá le entregó su vida, la de sus hijos y a quien le debo mi vida. Él es Jesús, el único hombre que vivió para morir por mí y por cada uno de los seres humanos. Y vuelvo a invitarte, si estás pasando por situaciones similares, de límites entre la vida y la muerte, a que te animes a creer y que tu fe no se mueva de la cruz de Cristo, a quien Dios levantó de entre los muertos para que por su muerte vos y yo tengamos vida eterna.

Gracias, Dios, porque hiciste lo posible y lo imposible para que yo naciera, estoy seguro de que moviste tu mano para que la muerte me soltara desde el vientre de mi madre y no dudo de que lo seguirás haciendo hasta que dispongas que mi paso por la tierra llegó a su fin.

REFLEXIONEMOS

¿Cómo se conocieron tus progenitores o tutores y en que contexto dio lugar a tu nacimiento o llegada a la familia?

....
....
....
....
....
....
....
....
....

¿Cuáles son las frases de este capítulo que hablaron a tu corazón y que deseas recordar?

....
....
....
....
....
....
....
....
....
....

CAPÍTULO 4

Cuando el ladrón en la noche es tu papá

No permitan que la ira los haga cometer pecados; que la noche no los sorprenda enojados

EFESIOS 4.26 PDT

Como ya te conté, mi nacimiento significó dificultades para mi familia. Lo económico se seguía debilitando, la salud mental de mis padres desmejoraba; el embarazo que se había complicado y el susto que se llevaron cuando les dijeron que yo había muerto en el vientre de mi madre fueron factores que claramente no hablaban de un buen comienzo. Quizás en parte era el resultado de lo que mis padres estaban construyendo, ya que la familia era bastante precaria al igual que la economía, el techo donde vivíamos y la salud de ambos. No estaban preparados para mi llegada y eso provocó una gran crisis en sus vidas.

Mis padres eran dos personas distintas e iguales a la vez, no tengo nada que reclamarles ni nada por qué culparlos, porque entiendo que Dios planeó mi llegada al mundo y los eligió a ellos para que sean mis papás. No fueron ellos quienes pensaron en mí, ni decidieron mi nacimiento, fue Dios quien se detuvo a pensar en cómo sería, el color de mi pelo, de mis ojos, mi altura y el nombre que llevaría, todo esto lo hizo antes de la fundación del mundo. Siempre que recuerdo esto me lleno de amor por Dios, sé que este concepto es difícil de entender o aceptar cuando el nacimiento presenta dificultades, o es el resultado de alguna situación de violencia, pero dejame decir que, más allá de cómo hayamos nacido, hay una razón aún más trascendente que es para qué nacemos, pregunta que te aseguro no podrás responder hasta que te sientes a charlar con Dios.

Muchos son los que pueden dar sus argumentos y explicar la razón del existir, pero el único que puede hablarte al corazón y dar una respuesta que llene el alma es Dios. Cuando aceptamos esto ya no importa cómo hayamos llegado al mundo, es la hora en la que miramos lo valioso del para qué nacimos y comprendemos el propósito único con el que fuimos creados. Es por esto que estoy escribiendo este libro que habla de mi familia, de mí y de nuestro fiel amigo Jesús.

Una noche, mis padres discutieron muy fuerte y se fueron a dormir sin arreglar las cosas. La razón era siempre la misma. El dinero y los proyectos poco sustentables de mi padre generaban un gran malestar. Esa madrugada, producto de la ira y el desequilibro psíquico que le generaba toda la situación, mi papá decidió armar un bolso para él y otro para mí y, sin avisar, salió del pueblo de Maipú. Su enojo no le permitía ver que yo apenas tenía 3 meses de vida y que necesitaba un cuidado especial.

Cuando mi mamá se levantó y no me vio en la cuna, se apresuró a buscarme por toda la casa. Al ver que faltan mi ropa y la de mi papá, salió desesperada a buscarnos por el barrio, la escuela, las calles y todos los rincones del pueblo. La noticia movilizó a muchas personas, el rumor decía que nos habían visto camino a la ciudad de Dolores y rápidamente fueron a corroborarlo. Tal como lo habían anunciado, mi papá y yo estábamos ahí, pero él no tenía ninguna intención de regresar.

Por su parte, mi mamá no sabía cómo actuar. Hizo la denuncia en la comisaría, pero le explicaron que, como se trataba de su esposo y era el padre del bebé, no podían actuar, sino que debían esperar la intervención y orden de un juez. Mientras tanto mi mamá sufría la impotencia y el dolor de no tenerme en sus brazos, no podía entender cómo su marido había secuestrado a su propio hijo. Así que decidió confiar en que Dios cuidaría de mí, y mientras los días pasaban y yo no regresaba, ella intentaba cumplir con sus obligaciones y sacaba fuerzas de donde no las tenía. Una tarde, debía acompañar a su ballet infantil de danzas a una presentación en el festival del pueblo. Mientras se preparaba para ese momento, Dios habló a su corazón de forma clara y precisa diciéndole que esa misma noche mi papá volvería para regresarme a sus brazos. Su fe produjo una gran expectativa y, tal como Dios se lo había dicho, al finalizar el festival apareció mi papá cargándome en sus brazos. El rencuentro fue extraño, las emociones se mezclaron. Enojos, miedos y felicidad fueron los primeros sentimientos, pero luego de que mi mamá me tomara en sus brazos, caminó hacia la comisaría rodeada de un gran número de madres que la protegían de cualquier situación violenta. Cuando terminó de declarar, la policía nos llevó hasta la terminal de ómnibus para que volviéramos a Mar del Plata. Así fue como mi mamá, mis hermanos y yo dejamos Maipú para nunca más regresar.

Nuevamente Mar del Plata volvió a ser una ciudad de refugio para nosotros. Cuando mis abuelos se enteraron de todo lo que había sucedido, se indignaron en gran manera con mi papá. Lo que aún no sabían es que él sufría de una enfermedad psiquiátrica, conocida como trastorno de bipolaridad, que era la causa de esta conducta y de todas sus inestabilidades.

Los días pasaban y mi madre se esforzaba por encontrar la calma. Por un lado, se sentía abrumada al saber que mi padre era un paciente psiquiátrico; por otro, se sentía afortunada por los dos hijos que le había dado, aunque el escenario no fuera el mejor. Pero seguía buscando una explicación a tanto sufrimiento y mientras esperaba la respuesta, comenzó a suceder algo extraño: todas las madrugadas a las 4 de la mañana yo me despertaba llorando a gritos y ningún intento lograba hacerme callar. Tal era la desesperación que ella sentía, que terminaba llorando junto a mí. Una madrugada, Dios le mostró el motivo de tal sufrimiento y le pidió que me entregara en sus manos, las manos de Dios, ya que él tenía planes únicos con mi vida. Mi madre obedeció a ese susurro y oró para que mi vida sea propiedad de Dios. Luego de ese encuentro, declaró que todo lo que provocaba dolor o tormento en mi cuerpo, alma o espíritu desapareciera en el nombre de Jesús. Después de elevar esa oración, me cantó una canción que dice:

> Dios está aquí,
> tan cierto como el aire que respiro,
> tan cierto como en la mañana se levanta el sol,
> tan cierto como que le hablo y Él me puede oír.

Al oír esta estrofa tan sencilla pero tremendamente poderosa y profunda, Dios se iba llevando el dolor de mi cuerpo y comenzaba a marcar mi corazón con el sello de su impronta. Así fue como milagrosamente se acabó el llanto y desde ese día volví a dormir con normalidad, y mi mamá se dio cuenta de que ese amigo que había conocido en la cautividad, seguía fiel a su lado.

Dios nos aconseja que arreglemos nuestras cuentas antes de que llegue la noche. Yo puedo sentir que la razón de mis dolores era aquella angustia que viví como resultado de la discusión entre mis padres, que terminó en un tremendo conflicto que podrían haberse evitado obedeciendo el consejo de Dios.

> *"Luego de ese encuentro, declaró que todo lo que provocaba dolor o tormento en mi cuerpo, alma o espíritu desapareciera en el nombre de Jesús."*

Por otro lado, no es que sea un método mecánico, pero puedo afirmar que las canciones y oraciones que se dedican a Dios motivadas por la fe, la esperanza y el amor provocan un resultado divino. Como familia, podemos asegurar que donde está el Espíritu de Dios hay libertad, sanidad, milagros, gozo, paz e infinidad de resultados sobrenaturales, es por eso que te animo a que experimentes lo que mi mamá y tantas personas como ella ha practicado y verás los resultados grandiosos que se producen por medio de la fe en Jesús.

REFLEXIONEMOS

¿Cuál es el evento más difícil que vivieron como familia durante tu primer infancia?

....
....
....
....
....
....
....
....

¿Cuáles son las frases de este capítulo que hablaron a tu corazón y que deseas recordar?

....
....
....
....
....
....
....
....
....
....
....
....

CAPÍTULO 5

Se activa mi memoria

Dirige a tus hijos por el camino correcto, y cuando sean mayores, no lo abandonarán

PROVERBIOS 22.6 NTV

Después de varias idas y vueltas, finalmente mis padres se reconciliaron. Se habían dado cuenta de que podían volver a formar una familia y no querían fracasar tirando todo a la basura. Ahora debían aceptar sus decisiones y hacerse responsables del camino que habían elegido. Está claro que ambos venían de vidas complicadas, pero el barco ya había zarpado y solo debían navegar. La gran dificultad de esta familia era que no tenían en claro el norte, lo único que los unía era su profundo amor y los hijos que Dios les había dado, razón suficiente para seguir navegando.

Luego de algunos meses, el timón de sus vidas dio un giro y los condujo hasta el Gran Buenos Aires para iniciar otro negocio y, sin hacer grandes análisis, decidieron dejar todo para anclar sus vidas en Ramos Mejía, lugar en el que crecí y donde inicié los primeros capítulos de mi vida.

Hemos escuchado a expertos en educación y en salud decir que los primeros cinco años de vida son fundamentales en el desarrollo integral de los niños. Yo soy un testigo fiel de dicha afirmación. El vínculo que desarrollé con mis padres y hermanos en los primeros años de vida fueron decisivos para mantenerme firme en momentos de fuertes temblores y es por eso que le agradezco infinitamente a Dios por la familia que me dio.

Aún registro momentos de mi niñez, por ejemplo, cuando tenía tres años en un día de campo nos sorprendió un tornado, y no fue un momento muy feliz, o también recuerdo las visitas a la casa de mis abuelos, las mascotas que tuvimos, las fiestas, los momentos tan especiales de abrir los regalos, mis actos escolares en el jardín de infantes y el pudor que me daba enfrentar a muchas personas. También me acuerdo de que me limpiaba la mejilla cuando me besaba alguien que no fuera mi mamá, los *castings* o las fotos que nos sacaban para las propagandas televisivas, los dientes que se caían naturalmente y los que se rompían como resultado de travesuras, las novias del jardín, todos estos recuerdos y muchos más son los que merodean mi mente y me llenan de ternura y amor por mi infancia.

Dentro de este gran cofre de recuerdos que guardo en mi corazón hay uno que me emociona hasta las lágrimas cada vez que lo revivo. Cuando tenía cuatro años, me quedaba impresionado al ver a mi mamá escribir sobre el papel con letra cursiva, prolija y a la velocidad de la luz. Me llamaba tanto la atención, que como todo niño comencé a intentar imitar esa práctica tan deliciosa que tenía mi mamá. Pasaba horas redactando con gran pasión algo que nadie podía traducir, transformándome de esta manera en el escritor de la familia. Con el tiempo, mi amor por la escritura fue creciendo y todo lo que consideraba relevante, lo volcaba al papel. Aunque no pude conservar estas cartas en cajones, lo hice en mi mente y en mi corazón.

Yo no creo en las casualidades y estoy seguro de que Dios deseó que en algún momento de mi vida escribiera esta historia, donde mi memoria tendría un papel protagónico. Y puedo asegurarte que no todo lo que me toca recordar es tan lindo como lo que te acabo de contar, aunque de ambos recuerdos fui enseñado.

En cuanto al colegio, debo reconocer que no me apasionaba en lo más mínimo. Mi materia favorita era Educación Física y los recreos eran como tocar el cielo con las manos. Los partidos de fútbol en el patio de la escuela, el kiosco y los amigos eran los mejores momentos del día. Hasta que sonaba el timbre deprimente que nos obligaba a retornar a las aulas, siempre que no me pasara la hora en la Dirección por pelear con algún chico, o ponerle la traba para que se cayera, una forma extraña de encontrar la diversión.

"El vínculo que desarrollé con mis padres y hermanos en los primeros años de vida fueron decisivos para mantenerme firme en momentos de fuertes temblores."

Nico y yo éramos muy diferentes, mejor dicho, absolutamente opuestos. Él era tranquilo, yo inquieto; él responsable, yo distraído; él abanderado, y yo... bueno en Educación Física. Mis amigos eran los más inquietos del colegio, pero los de Nico se destacaban por su compañerismo y buen comportamiento. Mis habilidades estaban en fútbol, canto, baile, teatro y cualquier destreza física, mientras que Nico era un excelente alumno.

Siempre existió mucha competencia entre nosotros, creo que es normal entre hermanos. Sin embargo, nos amábamos con locura. Compartíamos cientos de momentos, las tardes de jugar a la pelota en el patio, la colonia, el club, los carnavales en la vereda, aprender a andar en bicicleta, los corsos barriales, las tardes de inglés, las tareas en el comedor de casa, los paseos por el parque, las maquetas con plastilina, los dibujos, los cuentos, los juegos de carta y las fiestas de disfraces eran parte de nuestras recreaciones diarias que hicieron de mi infancia uno de los mejores archivos de mi vida.

Mi mamá fue clave en nuestra relación. Ella fomentaba el amor mutuo minuto a minuto. Dicen que yo era su preferido, no lo sé, pero de lo que estoy seguro es que el amor que nos dio fue absolutamente el mismo, dedicado, cuidadoso y eterno. Nos mimaba y castigaba de igual manera, lo que indica que nos amaba en la misma medida. Siempre se dedicó a estimular nuestro aprendizaje de una manera única que la caracterizaba, tenía una forma dinámica de ser que no dejaba de sorprendernos. Para ella, nunca era tarde, nunca estaba cansada, permanecía sonriente y con mucha vitalidad. Puedo asegurar que aplicó en nuestra crianza todos los métodos y habilidades que adquirió como docente e inspiró nuestras vidas a crecer en nuestros sueños.

Cuando hablo de lo hermosa que fue mi infancia lo digo porque mi mamá se encargaba de que así fuera. Su asombrosa manera de ser, en todos los aspectos, la hacían perfecta a mis ojos. Empezando por la casa, siempre prolija, limpia y ordenada. Además, nos enseñaba a colaborar con las tareas cotidianas, y nos tenía la paciencia suficiente para que aprendiéramos a limpiar, ordenar y cocinar. Nos ayudaba a estudiar, practicaba con nosotros y siempre participaba de los actos escolares o reuniones de padres. Además, seguía trabajando en una escuela como docente y alguna que otra vez nos llevaba para que la acompañáramos. Siempre tenía proyectos personales. Ella se encargaba de que las fechas especiales fueran grandes celebraciones en casa, los cumpleaños, la Navidad, el Año Nuevo y Reyes. Y cuando no había motivos para festejar, ella se encargaba de encontrar una excusa para hacer del día una gran fiesta. Estos recuerdos son únicos, pero el que se lleva todos los aplausos, es cuando nos enseñaba acerca de la existencia de Dios. Decía que Él era el único que nos cuidaría de día y de noche como un Ángel guardián, que nos amaba más que a nadie en el mundo y que nos acompañaría donde sea que vayamos.

Todo esto lo hacía a escondidas, como si estuviese haciendo algo malo, porque mi papá no estaba de acuerdo con esta enseñanza. Él no creía en Jesús como el hijo de Dios y se fastidiaba cada vez que mi mamá hablaba de Él. Claro que ella no podía dejar de decir que fue Jesús quien la salvó de la muerte en el cautiverio y quien le dio las fuerzas para continuar, era ahí cuando mi papá dejaba de lado sus opiniones. Sin embargo, le pedía que no nos inculcara esas ideas a nosotros, ya que tendríamos tiempo para decidir entre ser judíos o cristianos.

De todos modos, mi mamá seguía cantándonos la dulce canción que marcó mi vida y enseñándonos acerca de su fiel amigo y salvador Jesús. Me impacta cuando recuerdo el nivel de compromiso que teníamos con mi mamá al prometerle que no le diríamos a nadie, principalmente a mi papá, que habíamos hablado con Jesús. También recuerdo que nos apurábamos para terminar las conversaciones con Dios y nos incorporábamos del piso apresuradamente cuando escuchábamos que papá había llegado a la casa. Esta y muchas otras anécdotas marcaron mi vida.

En una oportunidad fuimos con mi mamá y Nico a una iglesia cerca de casa, obviamente sin que lo supiera mi papá. En un momento el Pastor dijo: "Le damos la bienvenida al Espíritu Santo de Dios" y yo automáticamente me di vuelta para ver cómo era y dónde se había sentado. Como no vi a nadie, le pregunté a mi mamá dónde era que se había sentado el Espíritu de Dios y ella sorprendida por el grado de ingenuidad, no supo qué responder y solo me prometió que luego hablaríamos del tema. Es tan lindo recordar estos momentos que estaría horas hablando de ellos. Es hermoso contemplar la forma de creer de un niño y me emociona que ese niño era yo. También creía en papá Noel y en los reyes magos, aunque a ellos les pedía una vez al año, mientras que a Dios le pedía cada día junto con mi mamá y mi hermano Nico.

"Es tan lindo recordar estos momentos que estaría horas hablando de ellos. Es hermoso contemplar la forma de creer de un niño y me emociona que ese niño era yo."

REFLEXIONEMOS

¿Cuáles son las frases de este capítulo que hablaron a tu corazón y que no deseas olvidar?

....
....
....
....
....
....
....
....
....
....

¿Cuáles son los recuerdos de tu primer infancia que te marcaron para bien?

....
....
....
....
....
....
....
....
....
....
....

CAPÍTULO 6

Los primeros cambios en la familia

No pongan su confianza en el dinero mal ganado; no se hagan ilusiones con el fruto de sus robos. ¡No vivan sólo para hacerse ricos!

SALMOS 62.10 TLA

Durante los siguientes días mis padres comenzaron a discutir muy fuerte. Esto se prolongó varias semanas. La tensión en casa era cada vez mayor. Verdaderamente desconozco la razón exacta de esas peleas, quizás no hubo una única causa, sino muchas: la falta de diálogo, las vidas cargadas de conflictos del pasado y el no poder llegar a acuerdos hacían de sus vidas un desencuentro constante.

Recuerdo pocas oportunidades en que mi papá compartiera momentos con nosotros, porque se levantaba muy temprano para ir a trabajar y regresaba muy tarde. También recuerdo algunas veces en que mi papá le pegó a mi mamá. No hace mucho tiempo le pregunté a mi hermana si recordaba el motivo de esa violencia, ella me respondió que ambos estaban psicológicamente desequilibrados. Es verdad que las cosas no andaban bien, pero físicamente aún se veían fuertes y estaban avanzando hacia sus objetivos buscando una forma de justificar sus faltas y dejaban para mañana lo verdaderamente importante, que era lo que les causaba tanta angustia y frustración.

Mi madre se iba olvidando de quien le devolvió la vida, y pocas veces buscaba su ayuda. Por otra parte, mi papá avanzaba como una topadora intentando dar con el "negocio del siglo", creyendo que así se le solucionarían todos los problemas. Tal era su afán que su insatisfacción le impedía ver lo mucho que tenía y corría tras su sueño arrastrando a todos con él. Siempre buscaba atajos para alcanzar sus objetivos y así terminaba arruinando lo poco que había construido. En una oportunidad le pidió a mi mamá que le firmara una chequera entera para dar inicio a un proyecto que desarrollaría junto a un amigo. Fue de esta manera como, sin mucho dinero, fundó con su socio una empresa de seguridad. Mi papá siempre tuvo esa capacidad de emprender, de comunicar y de convencer a los demás de lo que él creía que podía dar resultados y, hasta que no se concretaban los proyectos, no se podía saber si serían viables o no. Muchos de los negocios que emprendió quebraron por falta de administración y organización empresarial.

Al principio la familia comenzó a ver más dinero que el habitual. Entonces, mi padre pensó que era tiempo de salir de ese estado que tanto lo deprimía y decidió generar un cambio en la familia. Fue así que un día nos dio la noticia de que nos mudábamos a una casa más grande a solo cinco cuadras de donde estábamos viviendo. La mudanza era innecesaria, pero la noticia se aceptó rápidamente al saber que el nuevo hogar era más lindo y cómodo; en otras palabras, era una casona de cuatro habitaciones, dos baños, cocina, living, garaje, patio, lavadero y terraza. El patio era grande como una cancha de fútbol cinco. Para mí no había nada que objetar, era todo lo que necesitábamos para ser felices.

Por su parte, mis hermanos mayores, Celeste y Francisco, no estaban muy contentos con la decisión. No es que no les gustara la casa, sino que tenían miedo de que se repitieran los errores del pasado, y ya no querían salir corriendo porque el dinero no alcanzaba o porque mi papá se descompensaba y hacía alguna locura. Ellos pensaban que no era prudente mudarse ahora que las cosas estaban funcionando medianamente bien.

Muchas veces los adolescentes ven con mayor claridad que los adultos, pero sus opiniones no son tenidas en cuenta.

Finalmente nos mudamos. El crecimiento económico era notorio, había cosas que nos diferenciaban de la clase media, mi papá solía equipar la casa con productos de última tecnología y así nos dejaba a todos momentáneamente felices. No se daba cuenta de que de esta forma no se podía suplir lo que era verdaderamente necesario.

Luego mi papá se compró un auto y le regaló otro a mi mamá. Como ellos trabajaban todo el día y nosotros estudiábamos, tuvieron que contratar personal doméstico, y así fue como se sumaron a nuestra familia una niñera y una señora encargada de la limpieza.

La verdad es que parecía una vida perfecta. Yo pensaba que la familia estaba pasando por su mejor momento. A mis padres se los veía muy bien, y a mis hermanos también, aunque por su edad quizás estaban sufriendo algunos cambios que yo desconocía. Nico y yo éramos muy felices con los amigos de la escuela; además la casa con su gran patio nos brindaba mucha popularidad porque éramos los únicos chicos del barrio que tenían una cancha de fútbol en su propia casa.

No recuerdo los detalles, solo sé que la economía del hogar estaba resultando como mi padre había anhelado. El problema fue que no estaba evaluando los medios, y mi mamá se preocupaba por el modo en que mi padre manejaba las finanzas.

Varios procedimientos fueron imprudentes y otros ilegales. Él decía tener control de la situación y en sus discursos intentaba transmitirle tranquilidad a mi mamá, que ya había entrado en pánico. Las chequeras habían explotado, los gastos se triplicaron y aun así mi padre seguía adelante con el negocio como si todo estuviera bien.

Lo real de la situación es que mi papá estaba enfermo por el dinero, que ocupaba el centro de su corazón, y no supo ver que Dios le estaba dado mucha riqueza en su familia.

MI PRIMER AMOR

Pocas semanas después de la mudanza, mi mamá se encontró con un conocido de la familia, un ex futbolista dedicado a entrenar niños en la escuela de fútbol del club Nuestra Señora de Fátima. Cuando se enteró de que Nico y yo estábamos jugando al fútbol, le ofreció a mi mamá llevarnos con él. Para mí eso era grandioso, ir a un club con un ex futbolista no tenía desperdicio. Gracias a mi insistencia, mi mamá se puso en contacto con Jorge y arreglaron un día para llevarnos y así fue como llegué al club Fátima de la mano de "El loco" Jorge.

Jorge era admirado por todos en el club, tenía trayectoria y habilidad para enseñar, pero su mayor virtud estaba en la forma de relacionarse con los chicos. Tenía un verdadero imán y daba placer compartir tiempo con él. A Jorge le decían "El loco" y no se equivocaron con el apodo, pero me enseñó a jugar al fútbol con mucho amor, a divertirme dentro y fuera de la cancha, a respetar a mis adversarios y a ser solidario con la pelota, cosa que me costaba mucho.

Yo llegaba a casa con un diario interminable de novedades. Recuerdo pasar minutos y hasta horas contando con mucho entusiasmo lo que había vivido, me encantaba hablar y estoy seguro de que en algún momento lo podrás comprobar. Mi insistencia por contar lo que me pasaba era permanente, soy de los que necesitan hablar para procesar las experiencias. El problema era que en casa no había quien se entusiasmara de la misma manera que yo al escuchar mis relatos: mi papá no estaba casi nunca, mi mamá estaba, pero pasaba largas horas encerrada en su habitación, Celeste estudiaba todo el día, Francisco no era muy sociable y con Nico vivíamos casi todo juntos. Lamentablemente nos encontrábamos solos en nuestra propia casa, parecíamos totales extraños.

"Lo real de la situación es que mi papá estaba enfermo por el dinero, que ocupaba el centro de su corazón, y no supo ver que Dios le estaba dado mucha riqueza en su familia."

Con el paso del tiempo y la rutina de todos en la casa, el club pasó a ser el lugar en el que nos entretenían. Jorge se encargaba de pasarnos a buscar después del colegio para llevarnos a los entrenamientos. Las pocas veces que mi mamá habló con él bastaron para que Jorge se diera cuenta de que en casa sucedía algo extraño. Mis padres estaban despreocupados y no problematizaban en lo más mínimo que pasáramos tantas horas fuera de casa, con gente a la que ellos desconocían. Le delegaron al club gran parte de nuestra educación, sin saber verdaderamente con quiénes estábamos.

Jorge comenzó a ocupar un lugar protagónico en nuestras vidas, en poco tiempo se transformó en un referente, mucho más que un excelente entrenador. Con él aprendí a jugar al fútbol a un nivel extraordinario, pero también a respetar a mis mayores, a ser disciplinado y obediente.

Todos me conocían por ser el ahijado de Jorge "El loco" García, por el nivel de juego que había alcanzado, que tanto disfrutaban los espectadores. Recibimos mucho cariño de la gente, todos eran muy atentos con nosotros. Con ellos conocimos los campamentos, las excursiones, otros clubes y barrios con los que competíamos. En ese lugar me olvidaba de todo, el fútbol era mi verdadero amor, sentía que no había nada más importante en el mundo. Era una gran fantasía que cada día me acercaba más a la ilusión y posibilidad de ser un gran jugador.

En el club había favoritos, en cada categoría siempre sobresalían uno o dos. A mí me conocían como "el Pulguita" y todavía hoy mis conocidos de la infancia me llaman así; de más está explicar porqué, pero por las dudas te cuento que siempre fui el más pequeño de estatura. En el colegio, en el club y donde iba, mi altura era algo que me diferenciaba de los demás. Esto sumado a que tenía un gran dominio de balón, que amaba jugar al fútbol y que dejaba todo en la cancha fue haciendo que mis aptitudes como deportista se vieran en mayor competencia.

Con el tiempo el favoritismo comenzó a crecer, ya no solo eran los padres de mis compañeros, sino que los padres de los chicos contra los que competía también se cruzaban para felicitarme y elogiarme. Más adelante algunos clubes hablaron con Jorge y le preguntaron qué posibilidades había de llevarme a jugar con ellos. Él siempre les decía que aún era chico. Jorge intentaba cuidarme y en oportunidades me dijo que se encargaría de acompañarme a un club profesional cuando fuese el tiempo oportuno. Yo esperaba ansioso ese momento, él era mi entrenador, quien me había enseñado lo que tenía que saber del fútbol, fue a quien le dediqué todos mis goles, con quien lloré y reí en cada partido, quien me sacaba en brazos cuando me lesionaba, a quien escuchaba con respeto y admiración, no había otra persona con autoridad ni mando sobre mi vida en las canchas. Recuerdo cuando con una mirada me decía que me tirara al piso para asistirme y de ese modo indicarme lo que tenía que hacer para dar vuelta un resultado. Fue él quien me recuperó de las lesiones, quien me compraba el pancho y la gaseosa después del partido, el que me buscaba y me llevaba de vuelta a casa, pero por sobre todas las cosas, fue gracias a él que desarrollé esta pasión por el fútbol. Por eso Jorge es una persona con letras mayúsculas para mí.

Mientras yo vivía esta etapa tan importante, mi papá seguía persiguiendo "el negocio del siglo" con el cual satisfaría todas nuestras necesidades, pero pagaba el costo de no estar en los momentos más importantes, ni acompañarme en el camino que estaba transitando.

Los padres suelen ocuparse de las provisiones de sus hijos y con frecuencia se olvidan de algo que es tan importante como la alimentación, la vestimenta o la vivienda: jugar, acompañar, dialogar, enseñar, corregir y disciplinar. Yo puedo asegurar que por más pequeños que parezcan estos detalles son las perlas más hermosas en el recuerdo de un niño. El beso antes de dormir, las historias o canciones nocturnas, el abrazo de gol durante un partido o el pancho y la gaseosa al finalizar un entrenamiento hubiesen sido los momentos más recordados de mi infancia.

Sé que la tarea de educar es un arte difícil de ejercer, es por eso que, como testigo de esa experiencia, propongo que solicitemos ayuda al único que sabe cómo generar el crecimiento saludable y equilibrado en la vida de los niños, quien desea que ellos sean felices y vivan muchos años. Ese es Dios, quien quiere enseñarnos a ser padres e hijos, quien conoce la medida justa de todas las cosas y sabe cómo comunicarnos dichas verdades.

"Yo puedo asegurar que por más pequeños que parezcan estos detalles son las perlas más hermosas en el recuerdo de un niño."

Personalmente, debo agradecer a Dios porque, aunque mis padres no pudieron estar presentes en mis necesidades, entre Jorge y los padres de muchos de mis compañeros del club y del colegio pude recibir la atención que estaba necesitando.

REFLEXIONEMOS

¿En qué aspectos te sientes identificado con él protagonista?

....
....
....
....
....
....
....
....
....
....
....
....
....
....
....
....
....
....
....
....
....
....
....
....
....

¿Cuáles son las frases de este capítulo que hablaron a tu corazón y que deseas recordar?

CAPÍTULO 7

Del sueño a la pesadilla

Sucederá que en los últimos días —dice Dios—, derramaré mi Espíritu sobre todo el género humano. Los hijos y las hijas de ustedes profetizarán, tendrán visiones los jóvenes y sueños los ancianos

HECHOS 2.17

Mi vida era como un sueño. Todo lo que tenía, sumado a lo que hacía generaban esta sensación en mi corazón, hasta que una noche me pasó algo extraño. Me había acostado, como de costumbre, a las diez de la noche. Durante esa madrugada tuve una pesadilla que me advertiría sobre una cadena de situaciones inesperadas. En el sueño estaba toda mi familia uno al lado del otro, todos abrazados haciendo un leve paso de baile, sonrientes y muy elegantes. Cuando terminé de identificar a cada uno, salió de en medio un hombre al que no conocía y, dando un paso hacia adelante, me habló de manera muy amigable y me dijo:

- Vení, acercate, bailá con nosotros, solo faltás vos.

En ese momento sentí que el hombre que hablaba representaba el mal y que tenía a mi familia abrazada. Tras esa visión deseé despertar y luego de esforzarme lo logré. Me levanté, y llorando corrí hasta la habitación de mis papás. No me animé a contarles de qué se trataba, solo les dije que había tenido una pesadilla. Temía que, si lo contaba, ese hombre volvería para vengarse. Desde ese día y durante meses no pude dormir con normalidad. Esto no alarmó a nadie, porque es frecuente que los niños tengan pesadillas, pero la mía había sido una advertencia que no supimos interpretar.

Como te contaba, mis padres solían pelear mucho, pero a las peleas cotidianas ahora se sumaban mis hermanos mayores, quienes comenzaron a transitar la adolescencia con sus características propias. Manifestaban sus ideas y buscaban desarrollar su autonomía, cosa que mi papá interpretaba como rebeldía o falta de respeto. Mi mamá entendía que se trataba de un proceso predecible, normal y saludable en la vida de sus hijos adolescentes, pero temía intervenir y generar problemas mayores.

Recuerdo que en el cumpleaños número dieciocho de Celeste, sus amigos le organizaron una gran fiesta sorpresa. Eran muy divertidos y súper talentosos: cantaban, tocaban instrumentos, bailaban e improvisaban en diferentes disciplinas, ya que todos eran artistas profesionales o estudiantes. Yo me crié entre ellos porque tanto mi mamá como Celes pasaban largas horas en la Escuela de Danzas, mi hermana como alumna y mi mamá como profesora de danza clásica y contemporánea.

Esa noche mi papá estaba enojado porque durante la fiesta Fran había tomado de más, así que, sin respetar el momento de la reunión, demostró quién tenía la autoridad y, pegándole delante de todos, comenzó a gritarle. Eso provocó el silencio y la incomodidad de los invitados. Desde entonces la fiesta se puso tensa, Celeste lloraba, Fran se quiso defender, pero dentro de su estado entendió que no correspondía, y mi papá, orgulloso con su actuación, lo echó de la casa. La fiesta no se pudo remontar, mis padres siguieron discutiendo en la habitación, los invitados intentaron animar a Celeste, pero finalmente lo que había de ser inolvidable acabó siendo el peor momento de su vida.

Durante esta crisis Nico y yo continuamos con nuestras vidas anormales. Si leíste bien, habrás notado que con ocho y nueve años hacíamos lo que queríamos. Recuerdo que todos los fines de semana me quedaba a dormir en casa de algún compañero del club, luego de un breve llamado telefónico pidiendo el correspondiente permiso de mis padres, que siempre respondían con un sí. Inconscientemente, yo buscaba evitar mi casa, me hacía mal ese lugar donde se vivía enfermedad, violencia, indiferencia o falta de atención. En el club podía pasar horas y hasta días sin extrañar a mi familia, pero con el tiempo comenzaron a alarmarse porque nuestros padres nunca se hacían presentes, siempre íbamos acompañados del entrenador, y los fines de semana boyábamos de casa en casa. En una oportunidad, la madre de un amigo me pidió el número de teléfono de mi casa para llamar a mi mamá y le preguntó por qué tenía tanta confianza en quienes nos cuidarían y qué le daba la seguridad de pensar que no estábamos en peligro. La respuesta fue que ella confiaba en que Jorge cuidaría de nosotros y que si él notara algo raro se los comunicaría. Pero lo real del caso era que mi mamá se estaba muriendo y creía que lo mejor era que nosotros estuviésemos lejos de la casa para cuando eso pasara.

Poco a poco, mi mamá se fue entregando a la tristeza. Luego llegaron los ataques de pánico, los llantos ininterrumpidos, las angustias insuperables, los gritos desesperantes y los deseos de muerte que nos obligaban a llamar de urgencia a los médicos para que controlaran la situación.

Esas noches eran eternas. Lo único que podíamos hacer con Nico era pedirle a Dios que salvara la vida de mi mamá (porque pensábamos que estaba realmente en riesgo). Estos episodios de brote o crisis emocionales se repetían dos o tres veces por semana. Los médicos ya venían sin prisa porque conocían el cuadro de mi mamá por las muchas veces que la habían atendido. Ella no estaba nada bien, su salud empeoraba, no se levantaba de la cama en todo el día, no quería comer y en varias oportunidades manifestó su deseo de morir, por lo cual decidieron internarla en una clínica de neuropsiquiatría.

Ahora, además de ir al colegio y al club, se sumaba una actividad nueva: ir a la clínica a ver a mamá. Cuando fuimos por primera vez, no fue tan duro el impacto, ya que el lugar era muy bonito y a mi mamá se la veía mucho mejor que en casa.

Durante ese tiempo papá intentó sostener a la familia, pero no era lo mismo. Su función siempre había sido trabajar y traer el sustento a la casa, pero nunca había cultivado la relación de padre e hijos, no nos conocía, no sabía lo que nos gustaba, lo que necesitábamos, cómo darnos la seguridad de que todo iba a estar bien. Su forma de cuidarnos y acompañarnos en este duro momento fue muy distante, imponía reglas que antes no existían, nos prohibía cosas que ya estábamos acostumbrados a hacer y, cuando descubrió que éramos muy diferentes de lo que él pensaba, se enojó tanto que terminó por sacarnos las cosas que más nos gustaban.

Entre la niñera y Celeste intentaron suplir la ausencia de mi mamá y cuidarnos del trato duro de mi papá. Con el tiempo, esto les trajo varios problemas, Celeste discutía mucho con él, pero se controlaba por respeto y miedo, mientras que la niñera fue despedida por contradecirlo en varias oportunidades.

Con Nico teníamos un amor desmedido por nuestra mamá, sufrimos mucho su ausencia, llorábamos por las noches porque la extrañábamos. Nuestro rendimiento bajó en todos los órdenes y pasamos el peor momento de nuestras vidas.

Afortunadamente, luego de algún tiempo, mi mamá salió de la clínica. Su recuperación había sido exitosa, lograron estabilizarla y se la veía bien en comparación con el último tiempo, pero se notaba que no era la misma.

Como ya te conté, mi mamá había vivido un pasado difícil de olvidar; desde su niñez le tocó sufrir crisis y conflictos que no supo resolver. Estos se fueron apoderando de su ser hasta llevarla a desear la muerte. No podía disfrutar de lo que tenía porque su vida estaba atada al pasado y había abandonado la esperanza y la fe que durante un tiempo la habían sostenido. Ahora solo permanecía el amor por sus hijos, aunque al parecer no era suficiente. Los médicos, psiquiatras y psicólogos hicieron un excelente trabajo y ayudaron a su recuperación, pero había un área que aún estaba irresuelta.

Más allá de la complejidad del asunto, puedo asegurar que la vida espiritual es tanto o más importante que la vida física. Aun recibiendo la mejor atención profesional, si la vida espiritual se ve afectada, todo el ser lo estará. Esto no quiere decir que la enfermedad física sea sinónimo de enfermedad espiritual, pero si esta última no es tenida en cuenta, tarde o temprano se dejará ver.

Para vivir una vida espiritualmente sana necesitamos buscar ayuda en Jesús. La mayoría de las veces intentamos resolver los problemas solos y, lejos de lograrlo, terminamos empeorando las cosas. Lo triste del caso es que ignoramos la ayuda que él nos brinda mediante la fe en su cruz, lugar donde murió por nuestros pecados y resucitó al tercer día para recibir la victoria sobre el diablo y la muerte, dejando en claro quién reina sobre todas las potestades del cielo y de la tierra. Quien ascendió en gloria a la presencia de Dios para reinar nos quiere librar de la condenación del pecado, que sin dudas es la muerte, y nos invita a vivir una vida eterna. Jesús quiere vaciar nuestras mochilas, es el más interesado en ayudarnos a vencer las batallas que la vida nos presenta. Él desea transformarnos y mostrar al mundo lo que puede hacer en la vida de los que creen y se rinden por completo a sus pies. Él hace nuevas todas las cosas.

Sé que buscar ayuda no es fácil. Encontrar a las personas idóneas para acompañarnos en medio del conflicto es tan difícil como resolverlo. Pero estoy seguro de que la fe y la oración tienen poder, es cuestión de depositar nuestra confianza en Jesús y buscar su presencia hasta que responda a nuestras necesidades. Él dice que la oración del justo puede mucho, que por la fe el justo vivirá y, si tenemos fe como un grano de mostaza, podremos mover hasta montañas. Nada es imposible para los que creen y todo lo que pidamos en el nombre de Jesús creyendo nos será dado. Estas y otras promesas hay para los que tenemos la firme convicción de que Dios escucha y responde al clamor de los que lo buscan de todo corazón.

El sueño que se transformó en pesadilla se estaba haciendo realidad en mi familia, aunque no lo podíamos notar. Hoy, cuando ya tomé distancia de aquel momento, puedo asegurar que algunos sueños son advertencias que Dios nos hace para que podamos prevenir situaciones, mediante la oración. Tengamos por seguro que cuando Dios desee comunicarse, lo hará de forma clara y precisa.

REFLEXIONEMOS

¿Cuáles eran tus mayores anhelos o sueños durante tu infancia?

¿Cuáles fueron los momentos más duros de tu infancia que podrían ser interpretados como pesadillas?

CAPÍTULO 8

La tristeza del mundo produce muerte

Porque la tristeza que es según Dios produce arrepentimiento para salvación, de que no hay que arrepentirse; pero la tristeza del mundo produce muerte.

2 CORINTIOS 7.10

Mis padres no salían de la habitación, pasaban horas y hasta días encerrados. Luego se levantaban y retomaban sus obligaciones como si nada hubiese pasado, pero nosotros sabíamos que algo malo estaba sucediendo. En medio de esta crisis familiar Celes conoció a Leo y se enamoró. Con sus escasos 19 años, era muy responsable, madura y extremadamente disciplinada. No había nada que reclamarle; es por eso que poco se le objetó su noviazgo. Tiempo después, Leo y Celes decidieron casarse y mudarse a la zona Oeste del Gran Buenos Aires para vivir como caseros de una casa quinta.

A partir del casamiento de Celes y Leo, la casa pasó a estar menos habitada, ahora quedábamos mamá, papá, Nico y Yo, porque Fran no había vuelto desde la noche en que discutió con papá.

Mientras tanto, nuestras actividades cotidianas continuaron sin alteraciones. Nico y yo nos manejábamos casi como adultos. El hecho de que mis padres no estuviesen pendientes de nosotros nos obligaba a resolver por nuestra cuenta asuntos tales como tareas, viajes, fiestas, regalos, comida, y cosas por el estilo.

Nuevamente mi papá sufrió una fuerte crisis que terminó en una discusión con mi mamá. Tras haber peleado durante varias horas, tomó sus pertenencias y se fue de la casa. No sé bien el motivo del conflicto, pero sé que mi mamá lloraba desconsoladamente.

Su angustia era contagiosa, sufríamos con ella y velábamos para que nada malo le pasara. Una mañana, cansado de verla llorar y ahogarse en su tristeza, salí de casa decidido a buscar una buena noticia para levantarle el ánimo, y me pregunte: "¿Qué pasaría si logro encontrar a Francisco y lo traigo para que la vea? Será un buen motivo para hacerla sonreír". Y así fue como con 8 años inicié la búsqueda, recorriendo los lugares donde posiblemente estuviera mi hermano. No sabía bien dónde buscarlo, pero tenía tanta convicción de que lo encontraría que no dudo de que fue el Espíritu Santo de Dios que me guió y acompañó hasta Fran.

Cuando lo encontré, no podía creer lo cambiado que estaba. Su pelo había crecido casi hasta la cintura, tenía dos aros en cada oreja que lucía como el músico Diego Torres en 1994. Luego del rencuentro le expliqué lo que estaba pasando en casa, que mamá estaba muy triste y que le haría bien verlo. Así fue como Fran llegó esa misma tarde para sacarle una sonrisa a mi mamá.

Algunos días después recibimos una mala noticia desde Brasil: mi padre había sufrido un accidente. Al tirarse al mar desde una escollera golpeó su cabeza fuertemente contra una roca y quedó inconsciente y con fracturas en su cuerpo, por lo que rápidamente lo internaron en un hospital de la costa brasilera para brindarle la atención necesaria. Ese día cuando mi mamá atendió el teléfono, yo pensé que mi padre había muerto, nosotros todo el tiempo esperábamos lo peor y nos íbamos acostumbrando a ese tipo de noticias. Al instante mi mamá llamó al socio de mi papá y le preguntó si sabía algo. Él le contó que mi papá había viajado a Brasil con una gran suma de dinero para emprender un negocio.

Y así, otra vez mi mamá volvió a caer en una fuerte depresión. Ya no se levantaba de la cama, y por las noches reaparecieron los ataques de pánico que nos obligaban a llamar de urgencia a la ambulancia. Pero ahora solo estábamos Nico y yo para hacer frente sus crisis.

La situación económica estaba empeorando. A causa de su salud, mi madre estaba de licencia en su trabajo y el único proveedor era el mercado que quedaba frente a casa, donde diariamente comprábamos lo necesario para comer. Así fuimos acumulando una gran deuda que intentábamos saldar mensualmente. Lo que no sabían los dueños del mercado era que estábamos en serios problemas económicos y que cada vez se nos hacía más difícil conseguir el dinero para pagarles.

Unas semanas más tarde vino Celeste a visitarnos y se encontró con este triste panorama: Mi papá ya no estaba en la casa, las intimaciones de pago no paraban de llegar y se vencían esperando que alguien las pagara, mi mamá seguía con sus deseos de muerte, Fran vivía envuelto en el alcohol, mientras Nico y yo seguíamos flotando en una burbuja de momentánea diversión, pasando de mano en mano para salir de la cruda realidad de nuestro hogar.

Mientras tanto, mi papá fue asistido y compensado en Brasil, y luego lo trasladaron al *Hospital* José Tiburcio *Borda de Argentina*, un *hospital* psiquiátrico de la Ciudad de Buenos Aires, donde quedó internado por su problema de salud mental y diagnosticado con Trastorno Bipolar. En ese momento estábamos desahuciados, no había mucho por hacer, solo podíamos esperar que un milagro cambiara nuestra realidad.

Recuerdo haberle pedido a Dios infinidad de veces que nos ayudara, que le diera a mi mamá las fuerzas para salir adelante, que la sanara, que nos salvara, pero verdaderamente no veía respuestas, solo seguíamos sufriendo cambios que cada vez nos hundían más. Sin embargo puedo asegurar que Dios se mostró fiel y no permitió que lo peor pasara. Mi padre podría haber muerto en aquel accidente, mi madre podría haberse quitado la vida en medio de la crisis, lo mismo Fran, pero nada de eso sucedió. No creo que haya sido otra persona más que Jesús quien nos acompañó y cuidó.

La Biblia menciona dos tipos de tristeza: una que produce arrepentimiento para salvación y otra que produce muerte. Mis padres eran víctima de la tristeza que produce muerte. Sentían que sus vidas estaban acabadas; los recuerdos y el miedo los perseguían cada día haciendo de sus vidas una constante tortura. Cientos de miles de personas sufren depresión como resultado de la tristeza, pero Dios nos habla de otra tristeza, una tristeza que produce arrepentimiento para salvación, una tristeza que se produce como consecuencia de los errores y nos invita al arrepentimiento.

En 1 Juan 1.9 dice: Si confesamos nuestros pecados, Dios, que es fiel y justo, nos los perdonará y nos limpiará de toda maldad.

Dios perdona y limpia el corazón de los que se arrepienten, es por eso que esta práctica debe ejercitarse todas las veces que sea necesario. Por otro lado, debo aclarar que las consecuencias de nuestros errores seguirán estando y es necesario que así sea, ya que la única forma de demostrar un verdadero arrepentimiento es restituyendo los daños ocasionados. Esos momentos son dolorosos, como una operación sin anestesia, pero el resultado es absolutamente contrario, es ahí donde Jesús sana las heridas y nos fortalece.

Jesús dijo en Mateo 11.28: Vengan a mí todos ustedes que están cansados y agobiados, y yo les daré descansó.

La invitación está hecha; solo debemos acercarnos confiadamente. Él sabe que estamos cansados de sufrir, es por eso que nos ofrece su ayuda. Confiemos en que él nos hará descansar, dejemos todo lo que nos pesa a los pies de su cruz, derramemos nuestro corazón delante de su presencia, lloremos si es necesario y confesemos qué es lo que nos angustia. Él secará nuestras lágrimas y vaciará nuestras mochilas. Dios conoce más que nadie nuestros corazones, sabe lo que nos lastima y desea acompañarnos en este desafío de valientes. Dejemos de buscar la solución en nosotros mismos y busquemos la respuesta en el dador de la vida, roguemos que traiga luz para que podamos ver por dónde ir. Aunque el camino puede parecer difícil de transitar, es el más seguro, porque cada obstáculo que atravesemos será un elemento más de nuestra victoria.

> *"Dios conoce más que nadie nuestros corazones, sabe lo que nos lastima y desea acompañarnos en este desafío de valientes."*

REFLEXIONEMOS

¿Cuáles son esas situaciones hoy que cargan tu corazón?

....
....
....
....
....
....

¿Qué te gustaría que Dios haga
en medio de esas situaciones?

....
....
....
....
....
....

¿Qué crees que deberías hacer tú en mientras tanto?

....
....
....
....
....
....

CAPÍTULO 9

El silencio es una enfermedad letal

Mientras guardé silencio, mis huesos se fueron consumiendo por mi gemir de todo el día

SALMOS 32.3

Mi mamá se dio cuenta de que extrañábamos a mi papá, así que nos preguntó si queríamos ir a visitarlo al Hospital Borda. Nico y yo desconocíamos de qué se trataba ese lugar, pero el deseo de ver a papá lo enfrentaba todo. El hospital se veía como cualquier otro, frío y superpoblado. Entramos y comenzamos a caminar en dirección al piso donde estaba mi papá, no tardamos en darnos cuenta de que era un "loquero" (hasta el momento yo no encontraba otra palabra para definirlo). Subimos al primer piso, cruzamos los pasillos largos con pabellones repletos de personas que lucían extrañas. Finalmente, llegamos a la sala en la que estaba mi papá. Era muy grande, las camas estaban una al lado de la otra. Alguien nos indicó dónde estaba y caminamos hacia él. Rogaba en mi corazón que eso no fuera verdad, soñaba que apareciera una puerta que diera acceso a un lugar paradisíaco, deseaba que eso fuera solo una horrible pesadilla, pero era la pura realidad.

Llegamos a la cama y mi mamá lo despertó. Él intento abrir los ojos, que parecían haberse sellado por causa de la medicación. Cuando nos vio, comenzó a llorar como un niño. Esa persona no parecía mi papá, se babeaba, balbuceaba y lloraba sin mover su rostro. Al vernos sacó fuerzas para incorporarse. Haciendo un gran esfuerzo de mi parte me acerqué para saludarlo, luego nos abrazamos y finalmente se fundió en los abrazos de mi mamá, quien sin importarle absolutamente nada, lo beso.

Las muchas aguas no podrán apagar el amor,
ni lo ahogarán los ríos. Si diese el hombre todos
los bienes de su casa por este amor, de cierto lo
menospreciarían.

CANTARES 8.7 RVR60

Recuerdo que mi mamá le decía lo bien que lucía con la ropa que llevaba puesta, aunque era un piyama viejo, arrugado y sucio. Lo ayudó a levantarse de a poco, y con mucho amor lo convenció de bañarse y afeitarse, diciéndole que tenía que lucir lindo para la visita. Él no podía dejar de llorar, caminó hasta el baño y mi mamá lo acompañó para ayudarlo.

Mientras tanto, nosotros esperábamos que terminaran rápido para huir de ese lugar. Todo lo que pasaba a nuestro alrededor nos daba miedo. Algunas personas hablaban solas, muchas de ellas parecían enojadas, otros estaban quietos con la mirada fija en un solo lugar y daba la impresión de que estaban muertos. Otros parecía que interpretaban un personaje, otros no paraban de moverse y el resto desfilaba a cada minuto pidiéndonos cigarrillos.

Una vez que mi mamá terminó de afeitarlo, cambiarlo y perfumarlo, podíamos decir que estábamos listos para salir de ese lugar. Fuimos al parque de la planta baja, y mi mamá nos sorprendió con una merienda que había preparado con lo mejor que tenía. Esa y muchas actitudes más me hablan del profundo amor que los unía. Después de tanto sufrimiento, mi mamá podría haber decidido no visitarlo y mandarnos a nosotros con alguien más para que lo viéramos, sin embargo optó por ir y no solo eso, sino que lo trató con un amor inexplicable. Las caricias y los besos eran de enamorada, sus palabras tan dulces enternecieron mi vida haciendo mi corazón más sensible de lo que ya era. Toda esta demostración de amor me ilustra lo que Dios siente por cada uno de nosotros.

Dios se acerca para ayudarnos más allá de lo que hicimos. Su amor se debe a que decidió amarnos antes que existiésemos y nos seguirá amando por la eternidad, aunque espera que decidamos amarlo a él entregándonos por completo, como Jesús lo hizo por nosotros en la cruz.

Durante el tiempo en el que mi papá estuvo internado, su socio lo visitó varias veces con el objetivo de comprarle su parte de la empresa. Lamentablemente mi papá no estaba en condiciones de analizar ese negocio, pero pienso que la desesperación que tenía por ayudarnos fue lo que hizo que aceptara la propuesta, de esta manera y a través de una firma, concretó la venta por apenas una pequeña suma de dinero.

Todo lo vivido me llenaba de tristeza. Mi vida se iba apagando, ya no era el mismo, intentaba demostrar que todo estaba bien, pero por dentro me debilitaba cada vez más. Poco a poco se iban enfermando mi espíritu, mi alma y mi cuerpo.

Con Nico seguíamos naturalizando cada una de las situaciones extrañas que nos tocaba vivir como familia. El club seguía siendo nuestro gran cable a tierra. En una oportunidad organizaron un campamento de cuatro días en las afueras de la ciudad y fuimos porque no nos perdíamos ninguna de las actividades que proponían. La pasamos increíblemente bien, solo que el anteúltimo día se presentó un imprevisto que, como de costumbre, lo arruinaría todo. Una tormenta de verano nos obligó a ir pronto a las carpas. La orden generó un caos en el predio, los chicos corrían para todos lados, pero yo me paralicé, mi estómago comenzó a revolverse, vomité varias veces y llorando pedía a gritos volver a casa. Los organizadores intentaron calmarme y, al no obtener resultados, decidieron llevarme a casa. Así fue como abandoné el campamento un día antes de que finalizara.

Cuando llegué a casa, me di cuenta de qué había desatado mi miedo: recordé que a mis tres años viajábamos todos a la localidad de Lobos en la Provincia de Buenos Aires: mis padres, hermanos y amigos estábamos dispuestos a pasar un día de campo, comiendo asado y divirtiéndonos mucho. De repente, nos sorprendió una nube negra que tapó todo el cielo y minutos más tarde un viento muy fuerte comenzó a soplar levantando tierra y terminó por arrancar de raíz los árboles de los alrededores. Una vez finalizado el caos, nos dimos cuenta de que el fenómeno natural conocido como "tornado" se había encargado de arruinar nuestro día. Afortunadamente no hubo muertos, ni heridos, solamente daños materiales.

Esta historia la había olvidado por completo, pero aquel día en el campamento, el escenario era el mismo y mi memoria lo identificó como una situación de riesgo inminente para mí y para todos los que estábamos ahí. El mecanismo de defensa que se accionó en ese momento fue el de evadir el riesgo, solo quería desaparecer de ese lugar y así lo hice.

A mi familia le dije que me dolía el estómago y oculté la razón que provocó mi dolor. Al día siguiente me llevaron a la guardia de la clínica donde iniciaron una serie de estudios para los cuales me quedé internado. Los médicos trabajaron duro para encontrar la razón de tal dolor, aunque yo tenía claro cuál era el motivo, pero no me atrevía a hablar con nadie. El miedo me había invadido y cada vez tomaba mayor protagonismo en mi vida, me dejaba fuera de control, eso me preocupaba, pero aun así no encontraba la confianza suficiente para hablarlo con alguien que me pudiese ayudar. Los días en la clínica pasaban y yo seguía sin hablar, los estudios daban negativo y las enfermedades se iban descartando. La familia se acercaba para hacer su demostración de cariño, pero nada se solucionaba.

Como no encontraban una respuesta, los médicos me derivaron al psicólogo, quien comenzó a indagar sobre la situación familiar. Yo seguía sin hablar, pero mi mamá pudo descargar su angustia y le contó prácticamente todo lo que estaba pasando en casa. Eso explicaba gran parte de mis miedos como la falta de confianza y protección familiar.

A los pocos días salimos de la clínica, pero el miedo me tenía de rehén y no había forma de escaparme de él. Durante mucho tiempo viví preso de sus maquinaciones y, aunque ignoré a Jesús en medio de esta situación, él siempre quiso hacerme libre.

Es por eso que te animo a que le permitas a Jesús ayudarte a vencer tus temores. No es necesario que sufras el silencio de tus miedos. Buscá a alguien en quien puedas confiar. Sé que no es fácil romper el silencio, pero más difícil es vivir con él, es por eso que Jesús dijo: Conocerán la verdad y la verdad los hará libres (Juan 8.32).

REFLEXIONEMOS

¿Cuáles son esas cosas o situaciones que por alguna razón decidiste callar?

....
....
....
....
....
....
....
....
....
....
....

¿Cuáles son las razones por las que decidiste guardar silencio?

....
....
....
....
....
....
....
....
....
....
....

CAPÍTULO 10

Las relaciones eran nuestro único capital

A Jehová presta el que da al pobre, Y el bien que ha hecho, se lo volverá a pagar.

PROVERBIOS 19.17 RVR60

Una tarde, meses después de su casamiento, nos visitó Celes y se encontró con esta lluvia de sorpresas: papá internado, mamá sumergida en la depresión, el alquiler que hacía meses no pagábamos, los servicios vencidos y una deuda altísima en el mercado.

Gracias a Dios, tuvo la valentía de cargarse la responsabilidad familiar sobre sus hombros y tomó las decisiones que había que tomar. Lo primero que hizo fue buscar un lugar más pequeño para alquilar, acorde a nuestra realidad económica actual. El problema era que no teníamos dinero ni siquiera para eso, pero buscando entre los conocidos y, explicando que era una situación de emergencia, apareció una familia que nos alquilaba a muy bajo precio un local que siempre había funcionado como comercio, pero nos permitían acondicionarlo como vivienda. Desde ese día nos mudamos a tres cuadras de la casona a un lugar poco atractivo.

Una vez que Celeste consiguió la nueva vivienda, fue a hablar con la propietaria de la casona para explicarle por qué dejábamos la casa y que todo lo que le debíamos se lo pagaríamos hasta el último centavo. Esta mujer, que se llamaba Elvira, como mi mamá, fue de gran ayuda para nosotros. Su amabilidad y paciencia hicieron que la recordemos como un milagro sin igual.

Luego Celes tuvo que hablar con los dueños del supermercado que nos habían abastecido durante más de dos meses sin que les pagáramos absolutamente nada. Les explicó que saldaríamos la deuda por completo. Recuerdo que cada vez que con Nico salíamos de la casa para ir al colegio pasábamos por el súper a retirar alguna golosina y los dueños, sabiendo que debíamos mucho dinero y que difícilmente pudiéramos pagar, nos entregaban los productos que retirábamos con una sonrisa sin reprocharnos ni con una mirada. A esa familia también la recordamos como lo que fueron, servidores de Dios sin siquiera saberlo.

Por último, Celes salió a vender algunos objetos de valor que teníamos, también vendió los autos de mi papá, que logró rematar por el valor de las deudas que se habían generado en los últimos meses, tanto de alquiler, como de impuestos y alimentación.

La escuela fue clave en nuestra contención. Los docentes se organizaron para ayudarnos en todo lo que pudieron. Cada maestro demostró su interés y afecto de alguna manera, las palabras me ponían algo incómodo, pero las acciones hablaban más que cualquier discurso. Los directivos siempre buscaban la forma de ayudarnos, nos donaban ropa, comida, útiles y todo lo que estaba a su alcance. La Escuela Mariano Moreno Nº 31 de Ciudadela fue más que un lugar para aprender, se transformó en un hogar en el que encontré el calor de personas maravillosas. En una oportunidad, realizaron una rifa con el fin de recaudar fondos. El premio era una canasta familiar y, ¡oh casualidad! el número ganador fue el que la directora nos había regalado a Nico y a mí. ¡No por nada se llamaba Angelita!

En el club se esforzaban por sacarnos de la realidad que nos tocaba vivir, pero por más intentos que hacían, al regresar a casa nos esperaba lo mismo de todos los días. Siempre le agradeceré a Dios por esos espacios de recreación, educación y amistad. Si no hubiera sido por ellos, mi infancia habría sido mucho más difícil de lo que fue.

En la Escuela de Danzas Clásicas Nº 1, donde mi mamá trabajaba como docente, se movilizaron los directivos, alumnos y padres para juntar dinero, alimentos, ropa e inclusive gestionaron un recurso político para que el Estado nos diera materiales de construcción con el fin de edificar un ambiente en algún terreno próximo a conseguir.

En medio de esta lluvia de donaciones, mi padre recibió el alta médica y, aunque le fuimos hablando de los cambios que habíamos sufrido, era obvio que no le iba a ser fácil aceptar la realidad. La mudanza, la venta de los autos, el desprendimiento de la empresa y otros bienes materiales que se vendieron para saldar deudas y salvar a la familia de quedar en la calle eran cambios que debía aceptar y superar.

Mi padre siempre se preocupó mucho por las apariencias. Su familia debía lucir radiante. A él no le importaba que nos estuviésemos muriendo de hambre, siempre que nadie lo notara. Es por eso que la solidaridad de la gente le resultaba humillante, no comprendía que nuestra realidad requería de ayuda. No teníamos ningún ingreso y la salud de nuestros padres se sostenía con medicación costosa. Ahora debíamos conformarnos con el nuevo hogar precario que, aunque generaba más angustia de la que ya teníamos, nos proporcionaba un techo donde vivir.

Al principio mi papá estaba tan medicado que no podía manifestar su disconformidad, pero todos sabíamos que la situación que lo rodeaba difícilmente ayudaría a su recuperación. Tal fue así que una tarde al regresar del colegio lo encontré como de costumbre en la cama, solo que esta vez sucedió algo particular. Estaba tapado con una sábana hasta la cabeza, cuando me acerqué para preguntarle cómo se sentía, no me respondió y su cuerpo comenzó a temblar como una hoja. Lo destapé y lo encontré sujetando con sus manos un revólver que apuntaba a su garganta. Mi padre estaba a punto de suicidarse. Si hubiese llegado unos minutos más tarde, el escenario habría sido otro. Pero Dios todavía tenía planes para su vida. No todo estaba perdido y me envió para detenerlo en el momento preciso.

En cuanto me vio, escondió el revólver y se excusó, pero yo sabía bien lo que estaba por hacer. Media hora más tarde llegó mi mamá. Llorando, corrí para abrazarla, entonces me preguntó qué me pasaba, luego que logré tranquilizarme le conté y ese mismo día mi papá volvió al Hospital Borda.

Después de ese episodio, el miedo me fue invadiendo de manera progresiva. Todo parecía ser un riesgo de muerte para mí, temía que a mi mamá le pasara algo, soñaba con mi papá, con el fin del mundo, sufría cada tormenta y cada vez se me hacía más difícil vivir. En algunas oportunidades pensé que si moría dejaría de sufrir y en más de una ocasión le pedí a Dios que me llevara con Él.

En medio de esta situación mi mamá decidió llevarnos a visitar una iglesia, la experiencia no fue muy positiva ya que el miedo me acompañaba a todos lados. Todo comenzó bien, mucha gente, algunas canciones, luego el mensaje, pero el problema se presentó hacia el final, cuando comenzaron a hablar todos a la vez. Algunos gritaban, otros lloraban y una minoría hablaba raro haciendo del lugar lo más parecido a una radio, a todo volumen, mal sintonizada. Sentí que estábamos en riesgo y, como si mi miedo no fuese suficiente, un pastor se acercó a nosotros y al poner las manos sobre mi mamá la "desmayó" y luego hizo lo mismo con Nico. Yo no quise ni que me tocara, comencé a gritar, a llorar e intenté "revivir" a mi mamá, quien un minuto más tarde se levantó al igual que mi hermano. No fue una experiencia muy positiva que digamos.

Cuando emprendimos el viaje de regreso a casa, mi mamá intentó explicarnos lo que había pasado. Sinceramente, no entendí casi nada de lo que nos dijo, pero me dio tranquilidad saber que ellos estaban bien, que habían disfrutado y que ya nos habíamos ido de ese lugar.

Los amigos y conocidos fueron movidos a misericordia tras ver la situación que estábamos atravesando como familia, sus corazones se conmovieron ante nuestra necesidad y jamás reprocharon ni directa ni indirectamente su ayuda. Sus vidas respondieron correctamente al consejo de Jesús ...*pero tú, cuando le des a alguien que pasa necesidad, que no sepa tú mano izquierda lo que hace tú derecha*. (Mateo 6.3 NTV).

Te suplico por amor a los que pasan por situaciones de necesidad y por amor a vos mismo, que atiendas a este consejo y tengas el cuidado de revisar tus motivaciones para que tu ayuda sea la correcta. No hay nada más sano que el acto de ayudar impulsado por el verdadero amor y si te animás a conocer una descripción única de este verbo, te invito a que abras la Biblia y leas 1 Corintios desde el capítulo 1 hasta el 13 donde encontrarás una hermosa explicación de cómo debemos amar.

REFLEXIONEMOS

Realiza una lista con las diez personas más importantes en tu vida.

....
....
....
....
....
....
....
....
....
....

Menciona al menos cinco razones por las que esas personas son tan significativas para ti.

....
....
....
....
....
....
....
....
....
....

CAPÍTULO 11

Una salida poco agradable

Mira que te mando que te esfuerces y seas valiente; no temas ni desmayes, porque Jehová tu Dios estará contigo en dondequiera que vayas

JOSUÉ 1.9 RVR60

Algunos días después mi mamá comenzó a sufrir parálisis en sus piernas y los médicos no encontraban la razón. Decían que podía ser efecto de los psicofármacos, o de los nervios, lo cierto es que ella no podía caminar por sí sola, así que con Nico nos transformamos en sus muletas.

En su trabajo le exigían que retomara las clases, pero la verdad es que no podía mantenerse en pie, entonces solicitó una junta médica para demostrar su estado de salud y así jubilarse por discapacidad. Luego de hacerle todos los estudios, le informaron que los resultados no alcanzaron a cubrir el porcentaje requerido para la certificación de discapacidad. Esto significaba que debía reincorporarse, así que utilizó las licencias hasta que se acabaron y luego decidió renunciar, para evitar que la despidieran.

Ahora sí estábamos en serios problemas: el único ingreso que teníamos ya no estaba y nuestra estadía en la casa dependía de un milagro. Cuando Celeste se enteró de lo sucedido, le propuso a mi mamá llevarnos a vivir con ella, y mi mamá aceptó. Así fue como, sin mucha preparación, nos mudamos por tercera vez. Solo que esta no era como las anteriores, ahora estábamos dejando atrás barrio, escuela, club, amigos, sueños e infancia.

Arrastrados y casi derrotados por la situación, llegamos a la localidad de Agustín Ferrari, en el Partido de Merlo. Debo admitir que el lugar nos recibió con los brazos abiertos, pese a mi mala disposición. Es que Merlo era absolutamente distinto de Ramos Mejía. En primer lugar, nos separaban casi 40 kilómetros de distancia, el aire olía diferente, hacía más frío de noche y más calor durante el día, las calles en su mayoría, por no decir en su totalidad, eran de tierra, casi todo estaba descampado, había más carros y caballos que autos y los pocos autos que había eran modelos viejos y destartalados. La iluminación era muy poca y amarilla o naranja, lo que generaba dificultad para ver, las personas lucían diferentes, desde su ropa hasta su rostro; hablaban distinto, escuchaban otra música, jugaban a otros juegos, charlaban de otros temas. Era el antónimo en todos los sentidos, eso me angustió en gran manera. El desequilibrio físico, mental y social que me generó fue tan grande que mi espíritu y mi alma se iban enfermando cada vez más.

En la casa quinta donde vivía Celeste nos tuvimos que acomodar los tres, mamá, Nico y yo, en una habitación de cuatro por cuatro. Verdaderamente, en ese lugar no había nada atractivo ni que me motivara, y poco a poco iría manifestando mis sentimientos en conductas, ya que hablar de eso me costaba horrores.

La verdad es que mi mamá estaba bastante mal, había tenido un gran retroceso con la última mudanza. Su estado de salud era muy inestable, propio de su trastorno bipolar, que se manifestaba en prolongados episodios de llantos, imposibilidad para caminar y ataques de pánico. Así que Celes decidió llevarla a una iglesia a la que ella estaba asistiendo desde hacía algunos meses. Tuvimos que llevar a mamá casi arrastrando porque no podía moverse por sus propios medios, pero finalmente llegamos al lugar.

Desde ese día, ir a la iglesia pasó a ser parte de nuestra rutina y, con el tiempo, fuimos participando más de esta nueva familia hasta pertenecer a ella. En ese lugar conocimos gente que nos ayudó mucho a levantarnos, debo admitir que en medio del dolor y el enojo que tenía en mi corazón, hubo muchas personas que entregaron todo lo que tenían para ayudarnos.

Durante los primeros meses que vivimos en Ferrari, Nico y yo viajábamos todos los días cuarenta kilómetros de ida y otros cuarenta de vuelta para asistir a la Escuela Nº 31 de Ciudadela. Celes y mi mamá habían pensado que lo mejor era no cambiarnos de escuela por el momento, ya que con la mudanza habíamos sufrido demasiado. Pero sabíamos que eso no duraría mucho. Recuerdo que terminábamos muertos de cansancio, el colectivo que nos llevaba hasta Ciudadela tardaba dos horas, y para colmo viajábamos parados y muy apretados ya que era horario pico.

Vivir en esa localidad me generaba mucha angustia, mi única esperanza era que aún seguíamos yendo al colegio en Ciudadela y que los fines de semana podíamos ir al Club y quedarnos a dormir en la casa de Jorge, mi entrenador. En ese lugar me olvidaba de lo triste que era mi vida, hasta que finalmente los domingos a la tarde emprendíamos la vuelta a Ferrari. Recuerdo que lloraba todo el viaje de regreso, mirando por la ventanilla cómo me acercaba a la cruda realidad.

Cuando llegaba a casa, me encontraba con mi mamá y mi hermana alegres por haber compartido la reunión en la iglesia. Por dentro me preguntaba cómo podían estar tan felices, mientras que yo era tan infeliz.

Una tarde al regresar del colegio, Celes nos informó que había conseguido vacante en una nueva escuela. Mi cara de espanto provocó en Celeste la necesidad de contarnos lo bien que le habían hablado del lugar. Pero de nada sirvió, porque mientras ella nos contaba todo esto, mi imaginación me mostraba cómo un grupo de chicos despedazaba mi vida en el patio de la escuela.

Nico empezó dos días antes que yo y le fue mejor de lo que imaginábamos. Al entrar al aula lo presentaron con el curso y uno de los chicos milagrosamente lo conocía, era un ex compañero de fútbol del Club. Nico ya tenía un amigo, quien lo incluyó rápidamente en el grupo y no se le despegó desde ese día.

Mi suerte no fue la misma, nadie me conocía y me sentí un adolescente muerto. Los chicos parecían asesinos seriales ansiosos esperando que sonara el timbre del recreo para terminar conmigo. El miedo se encargó de hacer de aquel día el más largo de mi vida. Cuando terminó la jornada y llegué a casa, me preguntaron cómo me había ido, actué un papel de superado y me mostré fuerte. Yo sabía que era lo único que podía hacer, creía que no serviría de nada decir lo mal que la estaba pasando. Solo debía ayudar a mi familia a superar la situación y sentía que no había tiempo para pensar en mí.

Durante la semana íbamos dos veces a la iglesia. Recuerdo que mi mamá era muy feliz ahí. Yo no lo vivía de la misma manera, pero verla a ella bien lo justificaba todo. Lo único que deseaba en mi corazón era que la semana pasara rápido para ir al club y disfrutar de lo que me quedaba de mi verdadera vida.

En el club demostraba mis excelentes condiciones futbolísticas. En aquel momento yo deseaba jugar en algún club que me preparara para cumplir mi sueño de niño: ser un jugador profesional. Jorge, mi entrenador y padrino, me había prometido que siempre me acompañaría en mi crecimiento futbolístico, pero tras sufrir una crisis personal, todo cambió para él y también para mí. Jorge, mi referente, mi padrino, mi entrenador, mi amigo, mi representante, la figura masculina que yo necesitaba para forjar mi carácter y personalidad, ya no podría acompañarme más. Desde aquel día tuve que dejar el club y, por más que lo intenté, no pude volver a jugar al fútbol como sabía hacerlo.

Mi hermana y mi mamá estaban al tanto de toda la situación y creían que lo mejor era que nos mantuviéramos todos unidos para vivir el presente y avanzar al futuro. El problema era que yo quería volver el tiempo atrás, no podía pensar en un futuro, porque mi vida había quedado en el pasado. Mi sueño, mis amores, mis pasiones, mi corazón... ya no tenía nada por qué pelear.

En la iglesia intentaron contenerme, pero no conocían mi situación. Buscaban animarme, me invitaban a jugar al fútbol, a las actividades de teatro, música, estudios, reuniones, pero nada era igual. Estaba vacío y con el corazón desgarrado por tantas pérdidas.

¡Qué importante es la presencia de adultos responsables en la vida de los niños y los adolescentes!

REFLEXIONEMOS

¿Cuáles son las perdidas más importantes que sufriste durante tu niñes y adolescencia?

....
....
....
....
....
....
....
....
....
....

¿En qué aspectos te sientes identificado con Mati en este capítulo?

....
....
....
....
....
....
....
....
....
....
....

CAPÍTULO 12

La nueva casa

Semejante es al hombre que al edificar una casa, cavó y ahondó y puso el fundamento sobre la roca; y cuando vino una inundación, el río dio con ímpetu contra aquella casa, pero no la pudo mover, porque estaba fundada sobre la roca

LUCAS 6.48 RVR60

Cuando el dueño de la quinta se enteró de que mi mamá y nosotros estábamos viviendo allí, le hizo un llamado de atención a Celeste. Estaba enojado porque mi hermana no le había pedido el correspondiente permiso; además, le aclaró que de todos modos no lo hubiese permitido porque el contrato dejaba bien claro que no quería niños en el lugar.

Así que no nos quedó más opción que salir a buscar otro lugar donde vivir y nuevamente tuvimos que mudarnos. Gracias a Dios que tocó el corazón de una mujer de la iglesia, quien nos prestó una habitación, hasta que consiguiéramos adónde ir.

En ese tiempo, mi mamá recibió una excelente noticia: en la última escuela donde había trabajado, lograron reunir los materiales de construcción para la edificación de una casa de dos ambientes. También le entregaron un dinero destinado a cubrir los gastos que consideráramos necesarios y, como si todo esto fuese poco, una persona fue movida a misericordia y donó la mano de obra. De esta manera, mi sueño de volver a mi vida anterior se alejaba cada vez más.

La idea de mi mamá era conseguir un terreno, donde construir la casa. Se puso en contacto con un empleado inmobiliario quien nos llevó a recorrer terrenos por los alrededores de Ferrari. Me acuerdo como si fuese hoy: subimos a un auto, el hombre condujo por una calle de tierra y avanzó hasta el final del barrio. A medida que nos alejábamos del centro, veíamos menos casas, hasta que solo vimos campo. Estábamos a dos kilómetros de la estación de Ferrari, pero parecía una zona rural. Cuando llegamos a destino, entramos por una calle que daba a un barrio de solo cinco familias. El vehículo se detuvo, nos bajamos y detrás de una montaña de basura el empleado de la inmobiliaria nos señaló el terreno. El hombre tenía más imaginación que yo, porque lo único que podía ver ante mis ojos y mi metro cincuenta de altura era un monte lleno de matorrales y basura. A eso se refería el empleado cuando decía "este es el terreno". Con una sonrisa en su rostro, mi mamá nos preguntó si nos gustaba y Nico, que era un tierno, le dijo que sí, mientras que yo seguía guardando todo lo que pensaba. Ese día mi mamá cerró el trato y comenzó a pagar el terreno en cuotas.

En ese tiempo reapareció Francisco, quien se había ido de casa a raíz de la discusión con mi papá, hacía ya unos años. Durante varios días nos había estado buscando y, finalmente, con la ayuda de Dios, logró encontrarnos. No le costó adaptarse a nuestra situación y colaboró mucho para que pudiéramos instalarnos en el nuevo terreno.

En la iglesia estaban felices por la noticia y pronto se pusieron en marcha para ayudarnos con la limpieza. Con la colaboración y solidaridad de todos y con el favor de Dios, en dos semanas ya teníamos el terreno limpio y vacío. Mi mamá le preguntó a Fran si se animaba a construir una casilla de madera y él, que siempre se dio maña para esas cosas, lo hizo. Días después, mi mamá decidió mudarnos a la casilla de madera, hasta que lográramos construir la casa de material.

No te imaginás lo que fue eso para mí, no hablo por Nico porque él tenía una forma diferente de ser y procesar las cosas.

Como te dije, éramos marcadamente diferentes, a mí me gustaba el orden, la limpieza, la organización, los detalles y en lo posible verme bien en todas las ocasiones, mientras que a Nico eso le daba lo mismo.

Ahora la decisión de mi madre traería una nueva alteración a mi vida. Mudarnos al terreno fue una tortura que sufrí en silencio. Vivir en medio de la nada, con poca luz, sin gas ni agua, con el baño que era un pozo, cocinando sobre el carbón, con el piso de tierra, las paredes de madera y el techo de chapa... Lo bueno era que no vivíamos solos. Estaban mamá, Nico, yo y todos los insectos que te puedas imaginar. El calor durante el día y el frío por las noches lo hacían aún más difícil.

Recuerdo que para ir al colegio tenía que caminar más de 20 cuadras, lo cual se transformaba en una película de terror. A cada paso imaginaba que de entre los arbustos saldría un animal, un fantasma o una persona y me atacaría. Era aterrador vivir así. Bañarme era toda una odisea, primero tenía que calentar el agua en la olla, luego pasarla a un balde y con un trapo comenzar a bañarme; en fin, muchas veces lo mejor era quedarme sucio. Y para empeorar las cosas, había otro problema: la lluvia. Cada vez que llovía, el lugar se volvía intransitable, literalmente se empantanaba, ni los autos podían ingresar al barrio, así que debía caminar en medio del barro y llegaba al colegio mojado, embarrado, cansado y avergonzado.

Sin embargo, en medio del caos Dios fue poniendo orden. La familia estaba ajustándose a una manera de vivir diferente, mi mamá procuraba crecer en la fe y nos explicaba que Dios tenía el control de la situación. La contención que recibimos de la iglesia más el favor de Dios al manifestarse de manera tan milagrosa por medio de la solidaridad de la gente hacían que poco a poco lográramos salir del pozo.

La felicidad nos volvió a visitar la mañana que llegó el camión con todos los materiales para la construcción de nuestra casa: un baño y dos habitaciones. Luego de algunos días, muchos amigos de todos lados se organizaron para comenzar con los cimientos y una vez finalizada esta etapa, apareció un albañil que se encargó de ayudar a Fran a levantar las paredes. Las puertas y ventanas habían sido donadas por distintas familias. Con Nico colaboramos con el revoque de las paredes y alcanzando los materiales para ahorrarles tiempo a los más grandes.

El proceso de edificación duró tres meses y, aunque a la casa le faltaba mucho por hacer, ya estaban las condiciones mínimas para que la habitáramos y así abandonar la casilla de madera.

Cada día en ese lugar me parecía una eternidad. Nada era como había sido, ya no tenía a mis amigos ni realizaba las actividades de antes; ahora todo se reducía a ir al colegio y regresar a la casa de mi pesadilla. Mi mamá, la iglesia o, mejor dicho Dios, intentaban explicarme de diferentes maneras que esta vez nadie nos podría mover de ese lugar, mientras que lo que yo más deseaba era que nos sacaran de allí.

Mamá nos decía que muchas de las cosas que nos había tocado vivir en el último tiempo eran consecuencias de sus malas decisiones, pero que ahora le había entregado el control de nuestras vidas a Dios y que Él nos guiaría en esta nueva etapa.

Dios siempre había tenido una atención especial con nuestra familia, pero desde que mi mamá había vuelto a poner su confianza en Él, lo único que deseaba era encontrar la voluntad de Dios para nuestras vidas. Desde ese entonces asistíamos regularmente a la iglesia. Allí encontramos la contención familiar que necesitábamos. Dios se encargó de dotar a cada persona que nos rodeaba y los utilizó para ayudarnos a salir adelante.

El amor en acción de las personas unido al consejo de Dios fueron los factores predominantes en el fortalecimiento de la fe y el espíritu de nuestra familia. Pronto nos vimos rejuvenecidos por todo lo que habíamos logrado en tan poco tiempo.

Sin embargo, yo todavía sufría en silencio la pérdida de mis sueños, y mi familia aún no había podido detectar que me estaba enfermando. La frustración y el miedo me habían silenciado y tironeaban cruelmente a cada instante buscando desgarrar mi corazón. Mientras tanto, Dios buscaba incansablemente conquistarme y transformar mi tristeza en gozo, mis fracasos en éxitos y de esa manera no solo verme feliz y triunfante, sino mostrarme una vez más que en sus manos somos más que vencedores.

"Dios buscaba incansablemente conquistarme y transformar mi tristeza en gozo, mis fracasos en éxitos y de esa manera no solo verme feliz y triunfante, sino mostrarme una vez más que en sus manos somos más que vencedores."

REFLEXIONEMOS

¿Cuáles fueron los cambios más
difíciles que te toco atravesar?

....
....
....
....
....
....
....
....
....
....

¿Qué emociones se hicieron
presente durante ese proceso?

....
....
....
....
....
....
....
....
....
....

CAPÍTULO 13

La decisión estaba en mis manos

Porque mis pensamientos no son vuestros pensamientos, ni vuestros caminos mis caminos, dijo Jehová

ISAÍAS 55.8 RVR60

Una vez edificada la casa, ya no había más escapatoria, ahora solo quedaba aceptar que esta era mi realidad. Pero no lo hice. No podía concebir la idea de que mi vida cambiara tanto en tan poco tiempo. Yo no era el responsable de todas las pérdidas, pero sí era su víctima. Solo quería que me devolvieran mi vida, mi casa, el barrio, la escuela, el club, los amigos y mis sueños. No era justo que yo tuviera que pagar por los errores de los demás.

Una mañana, a mi mamá se le ocurrió una de sus brillantes ideas y nos propuso hacer comida para vender por el barrio, a la salida del colegio. Nico rápidamente se sumó al proyecto, pero yo seguía sin poder decir con palabras lo que sentía en mi corazón, aunque poco a poco lo iría demostrando con mis actitudes.

Así que, tras que a mí no me gustaba el colegio y hacía esfuerzos sobrehumanos para cruzar el monte y llegar a clase, ahora tenía que regresar rápido a casa para cocinar con Nico los pastelitos, berlinesas y tortas fritas que salíamos a vender para poder comprar el alimento de cada día. Nico, siempre responsable y comprometido con lo que hacía, se puso el proyecto al hombro, y yo iba atrás arrastrándome como un ser triste que se resiste a caminar.

El desafío de vender por las calles era una experiencia absolutamente nueva para nosotros y a mí me producía una mezcla de vergüenza y miedo. Con el paso de los días superé las primeras barreras de lo desconocido y encontré las ventajas y desventajas. Una de las ventajas era que me permitía salir de la casa que me provocaba tanta tristeza y aburrimiento; además, de esta forma podía compartir con otras personas y hacer amigos. Pero por otro lado debía vender la mercadería para comprar la comida de la noche. La realidad era muy injusta: a Nico, que se esforzaba por vender, le costaba mucho que la gente le comprara, mientras que yo sin mucho ánimo terminaba vendiendo más.

> *"Yo no era el responsable de todas las pérdidas, pero sí era su víctima."*

Algunos meses más tarde Nico consiguió un trabajo fijo en una tienda de reparación de bicicletas en el centro comercial del barrio, así que desde ese día me quedé solo para hacer la venta ambulante, lo cual me trajo nuevas ventajas y desventajas. Ahora podía manejarme por el barrio sin que Nico monitoreara lo que hacía. La verdad es que en mis motivaciones no estaba vender. En realidad, prefería hacer cualquier cosa menos trabajar. Veía que mis compañeros solo jugaban u organizaban encuentros, mientras que yo tenía que vender para comer, y eso me provocaba mucho enojo.

En varias oportunidades me pregunté qué pasaría si le decía a mi mamá que no quería trabajar, que solo quería volver a la vida que teníamos antes, donde yo estudiaba y jugaba al fútbol con mis amigos de siempre. Pero al imaginarme su reacción, abandonaba la idea y seguía adelante.

La salud y la economía familiar nos obligaban a trabajar, no es que mi mamá estaba jugando a la enferma y nosotros a los enfermeros o que mi papá se había ido de vacaciones al Borda y luego regresaría para contarnos de sus aventuras. Salir a trabajar era una realidad para nosotros. A veces pienso que hay muchas familias que viven en la misma situación y poco hacemos al respecto; aunque muchas veces hacemos, pero también los juzgamos.

Tiempo después, cuando ya se había recuperado, mi papá fue dado de alta del Hospital, pero decidimos que momentáneamente no viniera a vivir con nosotros. Así que durante un tiempo fue a vivir con su propia madre. Luego de unos meses se puso en contacto con mi mamá, pero discutían mucho y no se ponían de acuerdo para las visitas. Comenzamos a vivir una especie de persecución, creíamos que papá podía llegar a aparecerse en cualquier momento, porque la distancia no era un impedimento para él y todo lo que se proponía lo lograba. Mi mamá no quería que nosotros sufriéramos más, entonces accedió a un encuentro y así fue como viajamos a visitarlo a la casa de mi abuela, en el barrio porteño de Once.

Mi papá nunca aceptó su enfermedad, por lo tanto, siempre abandonaba el tratamiento y no tomaba la medicación. El día que nos encontramos lo notamos muy acelerado, como si le quedara poco tiempo. Nos dijo que iríamos a visitar a unos amigos suyos. Sus nuevos amigos no vivían muy lejos, así que comenzamos a caminar aunque ya era de noche. No sabíamos bien a dónde nos estaba llevando, pero más allá de la incertidumbre y su extraño comportamiento, estábamos confiados porque íbamos con papá. Durante el camino, comenzó a decirnos que unos autos nos estaban siguiendo. Nos indicó el modelo y el color, pero nos aseguró que mientras estuviésemos con él nada malo nos pasaría, porque solo lo buscaban a él. Esto se fue intensificando a medida que avanzábamos y su paranoia se hacía más absurda y poco creíble. No nos daba tanto miedo lo que nos decía, sino cómo lo veíamos, sabíamos que no estaba bien y eso nos preocupaba mucho.

Nos llevó por calles poco transitadas y un tanto tenebrosas, hasta que llegamos a una esquina oscura donde había una casa de cartón hecha sobre la vereda. Llamó a una señora por su nombre y le dijo que había venido con sus hijos. Nico y yo nos espantamos al oírlo, pero nos quedamos en silencio, hasta que apareció la mujer. Mi papá nos había llevado hasta allí para que esta señora, a quien él claramente conocía desde hacía tiempo, nos contara cómo había terminado en esa situación.

Después de escucharla por varios minutos, en los que mi papá nos obligó a compartir unos mates, dejamos ese lugar para seguir caminando rumbo a otro destino. A unas cuantas cuadras, nos detuvimos en otra ranchada de personas en situación de calle, quienes al ver llegar a mi papá lo llamaron por su nombre y nos recibieron con mucho afecto y respeto. Mi papá nos obligó con la mirada a aceptar lo que nos ofrecían de beber; yo creí que vomitaría, pero logré contenerme. Nos hicieron lugar en los colchones que tenían sobre el piso y luego de acomodarnos, mi papá los indujo a que nos contaran sus historias. Luego, mi papá nos explicó que no siempre uno elige dónde vivir y que detrás de cada persona hay una historia que merece ser escuchada.

Yo solo quería volver a casa y papá no nos estaba dando seguridad de que lo haríamos. En ese momento se nos ocurrió salir corriendo o decirle a un policía que mi papá no estaba bien y que estábamos a setenta kilómetros de mi mamá, quien para esa hora ya estaría preocupada. Tras varias horas de incertidumbre mi papá terminó por enviarnos a casa en un taxi.

Poco tiempo después, mi abuela paterna falleció, y mi papá no pudo soportar la angustia de la pérdida. Por esa razón volvió a ser internado en el Hospital Borda durante un período muy prolongado.

Yo no lograba comprender cabalmente lo que mi papá nos estaba queriendo enseñar, pero hoy está más que claro que él nos estaba explicando que no había ninguna garantía de que al salir del Hospital no terminara en la calle, y que aun así seguiría siendo una persona digna y necesitada de amor. Que su amor por nosotros nunca cambiaría y que esperaba que tampoco cambiara el nuestro por él.

La decisión estaba en nuestras manos, él ya había hecho lo que sintió dentro de su locura y corazón, pero ya estábamos advertidos de lo que podía pasar. Prevenirnos fue la decisión más sabia, aunque también la más drástica. Creo que debemos seguir el ejemplo y ser claros con nuestros hijos, buscando los medios pedagógicos y prácticos más apropiados.

REFLEXIONEMOS

¿Cuáles fueron las decisiones más
difíciles que tuviste que tomar?

....
....
....
....
....
....
....
....
....
....

¿En cuales crees que te fue bien
y en cuales tuviste que corregir?

....
....
....
....
....
....
....
....
....
....
....

CAPÍTULO 14

Abrí la puerta equivocada

He aquí, yo estoy a la puerta y llamo; si alguno oye mi voz y abre la puerta, entraré a él, y cenaré con él, y él conmigo

APOCALIPSIS 3.20 RVR60

El barrio en el que vendía quedaba a veinte cuadras de mi casa, lo cual me aseguraba independencia durante las horas que deambulaba. Con el propósito de vender, aprovechaba para recorrer todas las calles, y así comencé a descubrir cómo debía conducirme. Desarrollé la habilidad de reconocer no solo los lugares donde estaban los potenciales clientes, sino también los peligros. Vender era mi primer objetivo, pero además buscaba encontrarme con amigos y simular una vida adulta manejando mis tiempos, ya que mi deseo era escapar de esta horrible tarea y disfrutar la vida de niño que deseaba tener.

Uno de los momentos que me permitía encontrarme con ellos, además de vender en la calle, era cuando asistía a Educación Física ya que la realizábamos a contra turno de las otras materias. Salíamos de clases y nos quedábamos con mis compañeros compartiendo el tiempo muerto hasta entrar a la clase. Otro momento clave para sentirme independiente eran los trabajos prácticos que nos mandaban hacer o los que inventábamos como excusa para juntarnos.

Disponer del tiempo como lo hacían mis compañeros, vivir más cerca de la escuela, no tener que trabajar ni dar explicaciones de a dónde iba o a qué hora volvía comenzaron a transformarse en los deseos más fuertes de mi corazón. Anhelaba vivir la vida que mis amigos tenían. No soportaba ser el chico nuevo, pobre y bebé de mamá. Así que busqué las formas, estrategias y atajos para cruzar todas las barreras y límites. No me fue fácil transgredir las normas impuestas por mi mamá. Aunque dentro de mi familia había varios límites debilitados, otros todavía estaban firmes y tenía que eliminarlos si quería ser totalmente libre.

Pese a la enfermedad de mi madre, la ausencia de mi padre y el tener que trabajar para comer, había algo que no se había perdido: la educación. Yo había recibido un legado familiar de amor y valores que se habían tatuado en mi corazón y, aunque intentaba taparlo, siempre algo se terminaba viendo.

Pero lejos de verlo como una herramienta de supervivencia, la educación era todo un obstáculo en el camino que intentaba recorrer. No estaba bien visto entre mis amigos ser inteligente, respetuoso y de buenos modales. Lo divertido y popular era ser grosero, atrevido, insolente e irrespetuoso.

Fue así que comencé a modificar mis comportamientos y costumbres buscando adaptarlos a los del resto de los chicos, pero debía tener presente que a la hora de volver no podría continuar con el personaje del chico malo ya que eso me traería problemas en mi casa.

Recuerdo que varios de mis nuevos amigos, que apenas tenían doce años, fumaban cigarrillos, tomaban alcohol, salían a bailar, tuvieron su primera experiencia sexual y muchos de ellos lo hacían con el conocimiento de sus padres. Esto me resultó muy atrayente. Hacer algo que estaba mal o prohibido y que sus padres lo supieran lo hacía más interesante. Rebelarme contra mi familia era mi mayor deseo, decirle a mi mamá "no voy a trabajar más" o peor, "ahora voy a fumar cigarrillos" era una fantasía, pero no me animaba a lastimar su corazón de esa manera.

Otra de las cosas que hacían mis compañeros era pelearse con otros chicos. No eran las peleas que yo había tenido o que estaba acostumbrado a ver, eran peleas violentas, cargadas de odio y que no se interrumpían hasta que alguno terminaba lastimado.

En oportunidades salíamos de casa con el guardapolvo para viajar gratis en los transportes, pero no entrábamos al colegio, sino que nos íbamos de travesía y en el camino robábamos u ocasionábamos disturbios de todo tipo en la vía pública. Luego de un día así, al llegar a casa, seguía fingiendo que estaba todo bien.

Era mi manera de escapar de mi realidad, pero ignoraba los peligros a los que me exponía. La droga, la violencia y los riesgos estaban cada vez más cerca y yo curiosamente iba abriendo la puerta de un mundo que se mostraba divertido pero del que pocos logran salir.

Llegó el cumpleaños de un amigo y lo festejaba en su casa con un baile conocido como "jodas" (fiesta en el barrio). Hasta el momento yo nunca había asistido a una de esas fiestas. Sabía que había drogas, música y sexo.

Le pregunté a mi mamá si me dejaba quedarme a dormir en la casa de un compañero del colegio, pero me dijo que no. Le expliqué que era su cumpleaños y que para mí era importante. Me dijo que no conocía ni al chico ni a los padres, por lo tanto no me daba permiso. Entonces, dejé pasar algunos días para que se olvidara y después le pregunté si me dejaba quedarme a dormir en la casa de un amigo de la iglesia y me dijo que sí. El problema es que no fui adonde dije que iría, sino a la famosa "joda".

Ahí encontré todo lo que buscaba y más. Por primera vez vi a mis amigos alcoholizados, chicos manteniendo relaciones sexuales, drogándose y, cuando la noche estaba por terminar, como si todo eso fuese poco, se produjo un enfrentamiento entre dos grupos, que terminó en un tiroteo que afortunadamente no provocó heridos. Sin embargo, el susto que me llevé esa noche no detuvo para nada mi deseo de ser uno más del grupo.

Al día siguiente llegué a casa fingiendo que había pasado una espectacular noche en la casa de mi amigo de la iglesia. Pero mi mamá me esperaba con la pregunta: "¿Dónde estuviste?". Ella sabía que le había mentido, así que me dijo: "Ni se te ocurra mentirme porque llamé a la casa del chico de la iglesia y no estabas ahí". Mentir se estaba transformando en una profesión y un actor por nada del mundo abandona el escenario, así que decidí continuar, pero no funcionó. Mi mamá se puso firme y luego de confrontarme por varios minutos y no obtener un arrepentimiento de mi parte, decidió castigarme unas semanas.

Después de aquella fiesta, todo había cambiado; ahora me sentía parte del grupo, sabía de lo que estaban hablando y podía sumarme al tema de conversación. En ese vínculo con los chicos del barrio y amigos del colegio, comenzó a aparecer la droga. Recuerdo la primera vez que la probé: fue una tarde luego de Educación Física. Un compañero me propuso comprar marihuana, después se volvió una práctica, hasta que se hizo una costumbre.

En mi corazón había una bomba a punto de estallar, no sabía cómo decir que odiaba la vida que estaba llevando. Solo

Dios sabía lo que en verdad estaba sufriendo. Yo quería gritar a los cuatro vientos lo mal que me sentía, pero eso solo heriría más a todos los que me rodeaban. Tenía ganas de decirles a mis padres que ellos eran los responsables, que no deberían haber bajado los brazos, que tendrían que haber luchado por nosotros y no entregarse a la enfermedad como yo creía que habían hecho. Fantaseaba con la idea de decirle a Celeste que nunca pensó en mí cuando nos llevó a vivir a Merlo o cuando nos cambió de colegio. Quería gritarle a Fran que se había borrado del mapa en el momento que más lo necesitábamos. Me hubiese encantado decirle a Jorge que me defraudó, que abandonó mi sueño de ser un jugador de fútbol y que nunca más volvería a soñar ni a confiar en alguien. Y a la iglesia, que había venido a ocupar el lugar de mis pasatiempos, de mis actividades, remplazando mi vida social, me hubiese gustado decirle que no se metiera en mis asuntos, que ya bastante arruinado estaba todo.

En ese momento de profundo enojo, Dios se hizo presente para desactivar la bomba que había en mi corazón. Me habló de su ayuda, de que Él quería acompañarme en este difícil momento, que si se lo permitía, atravesaríamos juntos cada una de estas pruebas que me tocaba vivir. Pero desestimé su ayuda y dejé en claro que sólo aceptaría que era Dios si recuperaba todo lo que había perdido, de otra manera seguiría mi camino.

Fue la peor decisión que tomé en mi vida, darle la espalda a Dios, la única persona sobre la tierra que conocía mi corazón y sabía cómo acompañarme en esta difícil etapa. Desestimar su ayuda me vulneraba aún más. Las tentaciones y riesgos que el mundo me presentaba se transformaban en armas letales para mi corazón herido y sin fuerzas.

Sé que son muchos los adolescentes que sufren en silencio y los adultos que no logran correrse de sus obligaciones y necesidades para ver las de ellos, pero hago un llamado a la conciencia solicitando con suma urgencia adultos responsables que se animen a entrar al mundo adolescente con la madurez necesaria para guiar a una generación que se encuentra desorientada y bombardeada por un ejército que lanza dardos intentando arruinar sus vidas por completo. Yo necesité a esos adultos y hoy decido ser uno de ellos.

REFLEXIONEMOS

¿Cuáles fueron esas puertas que se abrieron y nunca deberías haber atravesado?

¿Cuáles fueron esas puertas que cerraste
y que no deberías haber cerrado?

CAPÍTULO 15

Los caminos de la calle

Hay camino que parece derecho al hombre, pero su fin es camino de muerte

PROVERBIOS 16.25

En el barrio bonaerense de Ferrari, además del fútbol, había otra cosa que me daba popularidad, era que venía de Ciudadela, barrio famoso y respetado por los edificios de "Fuerte Apache". Yo no era de los monoblocks, pero sí de Ciudadela y eso era suficiente para despertar cierta admiración. Aprovechando mis dos fortalezas "el fútbol y Ciudadela" avancé en el mundo de las calles.

Una mañana decidí volver a visitar el barrio de mis amores. Mis amigos del colegio y del club habían quedado allí, y estaba seguro de que habría quienes deseaban volver a verme. En ese momento estaban planificando ir el fin de semana a un baile que organizaba el club y me invitaron. Le pedí permiso a mi mamá, pero le cambié el motivo de la salida y le dije que Jorge, mi antiguo director técnico y padrino de corazón, me había invitado a quedarme en su casa. Mi mamá me dio permiso y así fue como, después de mucho tiempo, me quedé todo el fin de semana en Ciudadela.

Estaba como quería, sin horarios, en Ciudadela, con mis amigos y en un baile. En medio de la fiesta conocí a unos chicos del barrio y nos hicimos amigos. Eran más grandes que yo, pero logré llamar su atención. Con el tiempo, terminarían siendo mis hermanos de la calle.

Al baile fueron chicos del club, del barrio y de los alrededores. Con el alcohol vinieron algunos problemas entre dos grupos y yo quedé del lado de mis nuevos amigos. Salimos todos a la calle y comenzó la batalla. Las piedras y botellas volaban de un lado a otro, finalmente apareció la policía y salimos corriendo para no ser detenidos. En medio de la corrida yo seguí a mis nuevos amigos hasta la casa de dos hermanos que lideraban el grupo.

Esa noche fue espectacular, había vivido todo lo que estaba buscando, pero en el barrio que guardaba muchas historias de mi infancia. Lo novedoso fue que esa noche conocí un costado de mi barrio que no había visto nunca antes. Mis nuevos amigos tenían una vida similar a la de mis compañeros del colegio, hacían lo que querían, no respetaban a sus padres, no estudiaban, pasaban el día sin pensar en nada más que divertirse y drogarse.

Cuando llegué a casa conté lo bien que la había pasado con Jorge y no sé cuántas mentiras más. Mentir se estaba transformando en una herramienta de escape que practicaba diariamente. Con el paso del tiempo comenzaron a develarse algunas de las mentiras y el clima en mi casa se fue poniendo tenso. El consejo de la iglesia había sido muy duro con mis actitudes y comportamientos, y sugirieron que debían ponerse firmes en los límites, pero como buen mentiroso también me estaba convirtiendo en un excelente manipulador y mi familia no lograba tomar las medidas necesarias para cuidarme.

Tras las sospechas, Nico comenzó a investigar con quiénes me juntaba, a dónde iba y qué hacía en cada lugar que frecuentaba. Así se enteró de que había comenzado a drogarme y a hacer otras cosas que estaban mal.

En esa época un amigo me ofreció trabajar con él vendiendo en la estación de Merlo. Así llegué a vender más lejos de casa, pasé por Merlo, Morón, Liniers y Once. Me subía a los colectivos, a los trenes y también vendía por las calles de los centros comerciales.

Al finalizar cada jornada laboral regresaba a casa con el dinero para la comida y los medicamentos de mi mamá. Con esto de trabajar y caminar la calle descuidé el colegio. Las pocas veces que iba era para molestar y generar problemas con otros chicos. Los amigos que habían despertado mi interés por las cosas prohibidas fueron corrigiendo sus conductas o quizás yo fui haciendo cosas que estaban peor que las que ellos hacían.

Los llamados de atención del colegio, de los vecinos y amigos de la familia que advertían de mis malos comportamientos generaron una recaída en la salud de mi mamá.

Yo siempre tuve una excelente relación con ella. Era el que la escuchaba, la alentaba y en sus crisis la contenía. El problema es que yo estaba muy enojado con la vida, con mis padres y con mis hermanos. Sin embargo, en los momentos en que mi madre sufría, yo dejaba el orgullo de lado y me acercaba para ayudarla.

Con el tiempo pasé a ser el responsable de su salud. Nico se ocupaba más de lo laboral y yo de gestionar subsidios para la medicación, de tramitar la alimentación por el consejo barrial y ese tipo de cosas. También me ocupaba de sacar los turnos en los hospitales y acompañarla al psiquiatra o al estudio jurídico para tramitar la pensión por incapacidad o jubilación. En fin, era el gestor de la familia, cualquier cosa que se necesitaba me lo consultaban a mí y yo me encargaba de averiguar dónde, cuándo y cómo conseguirlo.

Por su parte, Nico estaba recibiendo buenas oportunidades laborales que lo ayudaron a salir de la calle. Su primer trabajo registrado ante la ley lo obtuvo por unas pasantías en una tienda de comida rápida, gracias al Colegio Secundario.

Para la familia era una oportunidad de estar mejor, pero para mí era un problema, ya que si comparaban nuestras vidas, yo era el fracasado. Nico había logrado avanzar, era un excelente hijo, hermano, alumno, amigo, compañero y empleado. Mientras que yo estaba cumpliendo muy bien con el dicho: "Hazte la fama y échate a dormir". Estaba feliz por los logros de Nico, pero no soportaba que mi mamá y los demás le festejaran los resultados de sus habilidades y que se olvidaran de las mías, aquellas que me hacían feliz y con las que soñaba todos los días. Mi proyecto de vida quedó en ruinas.

Nadie me comparaba con Nico, pero no hacía falta. Yo solo me daba cuenta de que estábamos llevando caminos muy diferentes y los resultados estaban a la vista.

Las discusiones con mi mamá comenzaron a ser más frecuentes y siempre por lo mismo: mis estudios, las horas de trabajo que no se reflejaban en el dinero que ganaba y haber abandonado la iglesia eran los principales motivos. Así como ella tenía sus reclamos, yo tenía los míos. La mayoría eran reclamos hacia Dios con quien había intentado negociar en varias oportunidades, pero no pudimos ponernos de acuerdo. Yo le pedía que me devolviera mi pasado y Él me hablaba de entregarle mi presente para construir juntos un futuro. Intenté convencer a Dios de que hiciera las cosas como yo quería, y Él me respondió:

No puedo volver el tiempo atrás, pero sí puedo darte mucho más de lo que perdiste, en un futuro cercano. Solo debés aprender a confiar en mí y esperar el tiempo justo.

A medida que el tiempo pasaba, yo me alejaba más de todo. El enojo y la rebeldía me llevaron a rechazar la mejor propuesta que había recibido en toda mi vida: Dios mismo me aseguraba mi futuro, la felicidad, los sueños, los anhelos de mi corazón. Pero yo lo rechacé.

El amor de Dios es tan grande que, aunque ve que nos equivocamos, hace lo imposible por no dejarnos solos. No sé qué es lo que sucedió allá arriba, tal vez solo dio la orden y ángeles llegaron para cuidarme. Pero puedo asegurar que todo lo que voy a relatar desde la humildad, reconocerá el amor y la misericordia de Dios. No encuentro otra razón que explique cómo el cielo se movió en tantas oportunidades para librar de la muerte a un ser tan miserable como yo.

REFLEXIONEMOS

¿Cuáles son las frases de este capítulo
que no te quieres olvidar?

....
....
....
....
....
....
....
....
....
....

¿Quieres escribir en un párrafo una propuesta
que te hayan hecho y que por enojo hayas
rechazado y luego te hayas arrepentido?

....
....
....
....
....
....
....
....
....

CAPÍTULO 16

El tiro salió por la culata

Nuestro Dios es un Dios que salva; el Señor soberano nos libra de la muerte

SALMOS 68.20 NVI

Una fecha no se borra de mi cabeza: el 24 de diciembre de 2002. Se suponía que iría a trabajar como todos los días, pero al ver a mis amigos celebrando desde temprano, decidí quedarme con ellos en las calles del barrio haciendo "la previa". Ya estaba todo listo. Las drogas y el alcohol comenzaron a correr y solo faltaba que llegara la noche para festejar hasta el amanecer.

Necesitaba el dinero de la jornada para llevar a casa, la plata era mi única defensa para justificar el tiempo que pasaba en la calle, pero como mi deseo era quedarme todo el día con mis amigos, decidí robar.

En un solo robo conseguí cinco veces más dinero del que podía ganar en seis horas de trabajo. Volví al barrio para disfrutar con mis amigos de la victoria y planeé quedarme con ellos hasta la hora de ir a casa para celebrar la Navidad.

Pero sucedió algo que no estaba en mis planes. Sorpresivamente, Celeste y Violeta, su hija de apenas un año, fueron a pasar las fiestas a mi casa y encontraron a mi mamá angustiada por mí. El consumo de drogas, las mentiras y el riesgo que estaba corriendo con la gente con que me relacionaba la atormentaban. Celeste salió a buscarme por el barrio para comprobarlo.

Uno de mis amigos me comentó que mi hermana me estaba buscando. Pensé que el corazón se me saldría por la boca y automáticamente me oculté. En casa todos estaban esperándome para preguntarme dónde había estado.

Intenté justificarme, pero ya era tarde: sabían que había estado en el barrio consumiendo drogas, y mis excusas no eran algo que les interesara escuchar. Solo querían que de una vez por todas les contara la verdad. Pero la verdad que yo necesitaba confesar iba más allá de las drogas. Mi verdadero problema era ser alguien que no quería ser. Lo que había elegido para mi vida había quedado en el olvido de todos.

Recuerdo que esa tarde mi mamá me preguntó dónde estaba el dinero de la venta del día. No lo hacía por el dinero, sino para confrontarme, esperando que yo confesara que había estado en el barrio y no había ido a trabajar. Pero para evadir esa confrontación y no hacerme cargo de mis errores, aproveché esa pregunta y descargué toda mi furia. Tomé el dinero que había robado y se lo tiré con fuerza al piso, gritando que eso era lo único que les importaba de mí. Mi mamá comenzó a pegarme, mientras derramaba lágrimas que sabían a enojo y tristeza. Esquivando sus golpes fui a mi habitación, puse en un bolso un poco de ropa y ese mismo día me fui de casa.

Quizás no creyeron que me animaría. No sabían que desde hacía tiempo estaba decidido a aprovechar cualquier oportunidad para mandarme a mudar.

Salí rumbo al barrio. Ahí estaba todo lo que buscaba: droga, alcohol, mujeres, amigos y violencia. Aunque ya no tenía las mismas ganas de divertirme, decidí beber para olvidarme de ese día y acabar con mi angustia. Llegada la hora, cada uno se fue a su casa para brindar en familia. Yo me quedé solo, esperando que regresaran para continuar con la noche. Abrazado a una botella de alcohol, escuchaba la música que salía de las casas y los fuegos artificiales que indicaban las doce. En ese momento me invadió una tristeza tan grande que decidí quitarme la vida. Lo primero que encontré a mi alcance fue un cuchillo que guardaba en mi cintura para defenderme en la calle. Lo alcé con fuerza y lo llevé a mi estómago. No recuerdo nada más. Me desperté sobre una cama desconocida; al parecer, un chico del barrio me había encontrado en el piso y junto a mí un cuchillo clavado en tierra cerca de mi pecho. Se asustó, pensó que estaba herido y al ver que no estaba lastimado, me levantó y me llevó hasta su casa; allí pasé la noche. La muerte pasó muy cerca de mí, pero Dios no permitió que me alcanzara, por muchas razones que hasta ese momento yo no entendía.

> *"Mi verdadero problema era ser alguien que no quería ser."*

Mi mamá ni se imaginó las consecuencias que traería a mi vida el mudarnos a Merlo, abandonar mis sueños y soportar la presión de tener que trabajar. Quizás si lo hubiese sabido habría tomado otra decisión; lo cierto es que ahora para mi familia comenzaba la tortura de pensar en mí que vagaba solo por las calles a merced de todos los peligros.

Por mi parte, comencé a disfrutar de aquellas cosas que antes no podía: las noches con mis amigos consumiendo drogas y el ideal de ser un chico del barrio. Con el paso de los días me di cuenta de que las cosas no eran como las había imaginado.

Yo pensaba que mis amigos hacían lo que querían, que salían de sus casas cuando se les antojaba y regresaban de igual manera. Pero descubrí que cada uno tenía su familia y, más allá de sus flaquezas y debilidades, estaban presentes de alguna manera en la vida de mis amigos.

El grupo de amigos por el cual yo me sentía contenido y profundamente atraído se turnaban para hospedarme en sus casas. Recuerdo que las primeras semanas logramos que nadie sospechara de mi situación, hasta que los padres comenzaron a preguntar por qué me había ido de mi casa. Cuando se enteraron, decidieron evitar problemas y ya no me permitieron quedarme a dormir. Algunas noches mis amigos me hacían entrar a sus casas por la madrugada, a escondidas; en otras, nos quedábamos hasta el amanecer y otras pocas terminaba durmiendo solo en algún refugio.

Ahora mi problema ya no era conseguir el dinero para llevar a mi casa, sino encontrar un lugar donde dormir, bañarme y cambiarme, porque el hospedaje se acababa cuando los adultos se daban cuenta de que yo era un problema caminando. Mis amigos, por querer ayudarme, comenzaron a tener serios problemas con sus padres y yo me iba ganando el odio de la gente.

Una tarde decidí ir a Ciudadela, a la casa de los amigos que había hecho en el baile. Eran dos hermanos y vivían solos, así que les pedí que me aguantaran unos días hasta que encontrara dónde vivir. Fueron muy buenos conmigo y sin problemas aceptaron ayudarme.

Rápidamente me iba ganando el respeto de todos cuando se enteraban de que me había ido de mi casa y estaba viviendo con uno de los líderes del barrio. Con este amigo comenzamos a salir a robar, éramos como hermanos y nos arriesgábamos a todo. Solo buscábamos la plata que nos servía para comprar comida, el resto era para las drogas, en especial marihuana, con la que hacíamos grandes maratones de consumo. Nos encantaba jugar con los límites. Con él compartí gran parte de mi triste paso por las calles, él fue un referente para mí y supo cuidarme.

En Ciudadela estuve un buen tiempo y paradójicamente lo que menos hice fue vincularme con mis amigos de la infancia, tampoco me acerqué al club. Es más, recuerdo haberme ocultado en diferentes oportunidades para que no me viera la familia de mis amigos o inclusive mis amigos. Sentía vergüenza por mi situación, este Matías no era el que ellos habían conocido.

En una oportunidad había golpeado a la puerta de una casa para pedir comida, cosa que hacía con mucha frecuencia. Mientras esperaba a que la dueña de casa me trajera algo de comer, vi venir de frente a la madre de uno de mis mejores amigos y no hice a tiempo de ocultarme. Cuando me reconoció, me abrazó y me preguntó qué estaba haciendo por ahí, yo me mostré indiferente y respondí rápido para que se alejara, lo que al parecer me salió bien porque para cuando salió la vecina a entregarme el alimento, la mamá de mi amigo ya no estaba. También fui sorprendido por la hermana de otro amigo, mientras pedía monedas en el tren.

Durante este tiempo fui dirigido por mis sentimientos heridos y sus consejos terminaron por dañar mi corazón. Siempre supe que necesitaba ayuda, pero mi orgullo y enojo me hacían negar la propuesta de Dios. Mi familia desconocía la profundidad de mis sufrimientos. Seguramente eran distraídos por mi capacidad para fingir que todo estaba bien, lo cual me hacía aún más responsable de mi condición. Sé que es difícil aceptar la realidad y mucho más la ayuda cuando ni siquiera aceptamos el problema. Pero estoy seguro de que negar y evadir una herida, por más leve que parezca, puede transformarse en una gran infección. Mis decisiones fueron generando una grave enfermedad en mi corazón, cada paso que daba atentaba contra mi vida y, aun sabiendo lo que hacía, seguí adelante endureciendo mi corazón.

Desearía que aceptes el consejo de un adolescente que sufrió más de la cuenta por no aceptar la realidad y enfrentar el problema con la ayuda de Dios.

"Negar y evadir una herida, por más leve que parezca, puede transformarse en una gran infección."

REFLEXIONEMOS

¿Cuáles son las emociones que más te están costando regular?

¿Qué fue lo más grave que llegaste hacer guiado por una emoción?

CAPÍTULO 17

La esquizofrenia de la calle

¿Podrá el hombre hallar un escondite donde yo no pueda encontrarlo? ¿Acaso no soy yo el que llena los cielos y la tierra?

JEREMÍAS 23.24 NVI

Tras unos meses de vivir en casa de mi amigo, me di cuenta de que tenía que dejarlo, así que volví a Merlo. A diferencia de la vez anterior, en esta oportunidad me quedaba en el barrio toda la noche hasta que el último de mis amigos se iba a su casa a dormir y si me invitaban, aprovechaba; pero si no, terminaba subiéndome a un tren para descansar al menos unas horas. Recuerdo que mientras intentaba dormir, lloraba por lo incómodo de los asientos, pero aun así prefería dormir en la calle antes que en mi casa.

Después de un tiempo, uno de los chicos del barrio me ofreció vivir en su casa, dijo que había hablado con su mamá y que tenía su permiso. Teníamos muchas cosas en común: por ejemplo, su madre era cristiana, él había recibido una educación similar a la mía y estaba en la misma que yo. Rápidamente nos asociamos para salir a robar y lo hicimos durante unos cuantos meses. Con el dinero colaborábamos mínimamente con los gastos de la casa y el resto lo usábamos para comprar drogas.

En esta etapa comencé a consumir pegamento. En un principio era divertido, pero con el tiempo comenzó a transformarse en una necesidad. Siempre programábamos las mismas actividades: nos despertábamos a la tarde, salíamos a robar, comprábamos pegamento y marihuana, y consumíamos toda la noche hasta la madrugada. Al día siguiente volvíamos a la misma rutina, así viví durante un año sin interrupción.

El pegamento se transformó en una adicción, no podía estar una noche sin consumir. Comencé a perder la noción del tiempo, priorizaba el consumo a dormir, higienizarme y comer. Recuerdo que muchas veces las alucinaciones eran feas, pero aun así seguía consumiendo. Mis amigos y yo pasábamos toda la madrugada en la esquina del barrio gritando, molestando e interrumpiendo el sueño del vecindario. La policía venía por las denuncias de la gente, pero no nos llevaban detenidos, solo nos pedían que dejáramos de gritar.

En muchas oportunidades los vecinos salían para hablar con nosotros, algunos lo hacían de buena manera y otros, cansados de tanto ruido, venían directamente a discutir o a pelear. La verdad es que bajo los efectos de la droga era difícil registrar los momentos, pero aun así hay uno que recuerdo con claridad. Una noche fui sorprendido por una mujer que se acercó a mí con lágrimas en su rostro, su único objetivo era abrazarme. Mientras yo retrocedía, ella insistía en abrazarme y me dijo que Jesús me amaba, que tenía una vida diferente para mí y me estaba esperando. Más allá de que esta situación me incomodaba mucho, yo sabía que lo que la mujer me decía era verdad, ya lo había escuchado antes. Pero el impacto de verla acercándose de madrugada para abrazarme, arriesgándose a cualquier tipo de reacción con tal de decirme lo que Dios puso en su corazón hizo que nunca más se borrara de mi memoria. Sus lágrimas, su mirada y sus palabras quedaron grabadas en mi corazón para siempre.

Esa fue una de las tantas veces que Dios se acercó por medio de sus hijos para hablarme. En otra oportunidad, en el mismo lugar y bajo las mismas circunstancias, pasó otra mujer y detuvo su camino solo para decirme que nunca me olvide de que yo era hijo del Dios altísimo, un escogido del Reino, de quien no me podría esconder. En el momento me burlé para no ser menos que mis amigos, pero en el fondo de mi corazón sabía de qué me estaba hablando. Dios no descansaría hasta alcanzarme con su amor.

Mucha gente estaba orando por mí, empezando por mi mamá y mis hermanos, quienes nunca dejaron de creer en el poder de Dios para proteger mi vida en medio de un mundo tan peligroso.

Eso explica la razón por la cual fui librado tantas veces de la muerte. Recuerdo muchos momentos de absoluto riesgo; cuando esperábamos en un pasillo para robarle al primero que pasara y de repente comenzábamos a escuchar cómo a cien metros nos disparaban y las balas impactaban en el paredón que estaba justo detrás de nosotros. O cuando en medio de un baile al que había ido con tres amigos fuimos acorralados por más de treinta chicos que nos corrieron por largas cuadras para golpearnos e inexplicablemente no lograron alcanzarnos. O las veces que al salir de un robo, logré perder a quienes me buscaban para hacer justicia por mano propia. Sin mencionar cuando terminaba en estado de coma por el consumo de drogas, o los riesgos a los que me expuse bajo sus efectos.

Pero nada me hacía recapacitar, no podía ver otra cosa que no fuera continuar con mi plan de calle. Aunque pasaba frío, hambre, necesidades de higiene y afectivas, seguía acelerando a fondo.

El orgullo de la calle y el personaje que había montado me servían para defenderme de todos los peligros que vivía cotidianamente. La gente solo llegaba a conocer a un adolescente soberbio, altanero, que manejaba su vida como la parecía. Irritante y violento, adicto y chorro, pero anestesiando una herida con remedios de la calle, siguiendo consejos que solo profundizaban una vida delictiva. Solo después de alguna experiencia límite bajaba la velocidad y me daba a reflexionar, como cuando mataron a un amigo por salir a robar, o en las detenciones o persecuciones de robo, pero esto duraba solo algunas horas o días, no más.

Esta vida me había llevado a hacer amigos por todos lados y enemigos también. Los chicos me buscaban porque siempre tenía un plan, algo para hacer, dinero y drogas. Tenía iniciativa y habilidad para generar los recursos, y muchas veces esto me ponía en el lugar de liderazgo. Recuerdo haber influenciado sobre la vida de muchos adolescentes como otros antes lo hicieron conmigo. Los llevé a vivir una vida similar a la mía y a cometer errores de los que hasta hoy me arrepiento.

Pero aún me sigue llamando la atención que en cinco años de consumo agresivo, robo y situaciones de extrema violencia, dos madres se acercaron a declararme un mensaje de Dios sin importarles el estado en el que me encontraba, ni la hora ni el lugar, solo respondieron al llamado de Dios.

En la casa donde me hospedaba ya se estaba cumpliendo el ciclo que indicaba armar el bolso y buscar un nuevo lugar para vivir. Mi estilo de vida era insostenible. Aprovechando que mi amigo estaba a punto de ser papá, decidí buscar otro lugar donde dormir. No tenía muchas opciones así que hasta que encontrara algo mejor, volví a la calle.

Durante ese tiempo viví cosas muy tristes, pasé situaciones de abuso, de enfermedad, violencia, desprecio, miseria, frío y hambre. Mi forma de sobrevivir era bastante variada, podía pasar de pedir en las calles, hasta robar en algún descuido. En ocasiones actuaba de manera violenta con los que estaban en inferioridad de condiciones. Todo el dinero que conseguía lo usaba para consumir drogas ya que la comida la mendigaba y en los transportes me las rebuscaba para no pagar.

Me fui acostumbrando a vivir del otro, aprovechando las oportunidades. Así me transformé en un chico de la calle. Mi manera de hablar, mi conducta y forma de caminar definían mi identidad. Era un niño en riesgo que había decidido actuar de tal manera para sobrevivir. En el fondo, estaba cansado de no poder ser el niño soñador que antes habían conocido.

Recuerdo como si fuera ayer cómo sufría cada vez que veía a los chicos con sus padres yendo a jugar al fútbol, o cuando me enteraba de que algún amigo estaba jugando en un club profesional. Sentía las voces que me decían que yo era un fracasado, un perdedor, un bueno para nada, que todos a mi alrededor se habían olvidado de mí. Con el tiempo comencé a creerles a esos fantasmas que por las noches me decían que muerto iba a estar mejor y que no había nada en este mundo por lo que valiera la pena pelar.

A menudo estos pensamientos invaden nuestra mente, vienen para convencernos de que somos unos fracasados y buscan mantenernos lejos del camino al éxito. Si les creemos a estas mentiras nos estancaremos. La única forma de acercarnos al éxito es escuchando la voz de quienes nos dicen que aún estamos a tiempo de empezar de nuevo, que podemos lograrlo y esa propuesta me la hizo Dios de manera directa y en ocasiones utilizó a vecinos y amigos.

La invitación estaba hecha, su amor me perseguía a cada lugar que iba y me amó más allá de mis rebeldes decisiones, aunque las consecuencias eran ineludibles. Pero su fidelidad traía a mi realidad una cuota gratis de esperanza que solo un necio podría rechazar.

No dejes que la necedad te deje ciego, sordo y mudo como lo hizo conmigo, la ayuda que Dios nos ofrece es para edificar nuestra vida y escribir una historia que verdaderamente nos haga felices.

"Su fidelidad traía a mi realidad una cuota gratis de esperanza que solo un necio podría rechazar."

REFLEXIONEMOS

¿Qué cosas llegaste hacer para agradar a otros o para alejarte de ti mismo?

¿Cuáles fueron las formas o acciones equivocadas que empleaste para alejarte de los problemas o evadirlos?

CAPÍTULO 18

De la lepra a la amistad

Cada uno debe amar a su prójimo como se ama a sí mismo

MATEO 22.39B TLA

Todavía recuerdo cuando di mis primeros pasos en la calle. Caminaba con todo el orgullo y la soberbia que un adolescente puede manifestar. Era despectivo, provocador, discriminador, engreído y buscaba constantemente marcar los errores de los demás para avergonzarlos en público. Todo el tiempo evaluaba con quién relacionarme, mis candidatos eran aquellos que tenían algún tipo de popularidad, o los que podían ofrecerme protección física, es decir amigos que me defendieran a la hora de que algo saliera mal; en otros miraba el dinero y así iba por la vida viendo qué podían ofrecerme y si no tenían nada, entonces no eran dignos de mi atención. No sé bien de quién aprendí a relacionarme de esta manera.

En este examen de personalidades conocí a Nahuel, quien, con apenas ocho años, se pasaba todo el día en la calle. Su vestimenta lucía como la de un pibe más grande, fumaba cigarrillos, de vez en cuando tomaba alcohol y se había ganado el respeto de todos en el barrio. Nahuel no tenía nada de lo que yo buscaba en las personas, así que seguí de largo. Pero Dios quería que volviéramos a cruzarnos en algún momento.

Mientras tanto, yo seguía con mi carrera de consumo, en la que me encontraba muy comprometido. No le decía no a nada, el objetivo era drogarme, por lo tanto, alcohol, pastillas, marihuana, cocaína, pegamento, nafta o cualquier otra droga que se cruzara por mi camino, tenía una parada segura conmigo. Sabía que me estaba subiendo a un tren del que después sería difícil bajar. Cuando se terminaba la noche y mis compañeros de consumo volvían a sus casas, nuevamente buscaba dónde dormir para recuperar fuerza, podía ser en alguna terminal de transporte, arriba de un tren o colectivo, en la plaza, dentro de un auto abandonado o debajo de un toldo.

Como se dice entre consumidores, la droga me estaba pegando mal. Estaba consumiendo en exceso, todos los días salía a robar, me volvía cada vez más violento y las drogas potenciaban mi actitud. A menudo terminaba descompensado en el medio de la calle y por misericordia de Dios no morí. En otras ocasiones perdía el conocimiento por uno o dos días y, cuando despertaba, me encontraba lastimado, con golpes y problemas que no sabía dónde los había provocado. Y así caminaba por las calles; en algunas oportunidades, de la nada me sorprendía alguna persona para golpearme y hacer justicia por algún problema que había provocado, o me corrían de algún barrio sin explicaciones, pero seguramente con motivos reales.

Una mañana desperté con una especie de alergia por todo el cuerpo, no tenía idea de qué podía ser. Me sentía débil, la falta de higiene, la mala alimentación, la pérdida de peso, el mal dormir y tantos factores alrededor de mi problemática social y de consumo, eran la explicación de esta infección. No sabía qué hacer, estaba asustado, pero en medio de la incertidumbre y el miedo me acordé de un chico del barrio. Había estado en su casa encerrado por una alergia desconocida; tal era la picazón, que se arrancaba la piel, se lastimaba y le habían quedado marcas por todo el cuerpo.

Preocupado por haberme contagiado, me acerqué a preguntarle qué había hecho para recuperarse y me contó que nunca había hecho nada porque ni siquiera había ido al médico, pero se le había pasado sin tratamiento. Sin embargo, los vecinos decían que podía haber sido sarna o una infección y algunos decían que era algo similar a la lepra.

Él me acompañó en mi preocupación y sus charlas me daban tranquilidad. Desde ese día comenzamos una amistad, él no tenía mucho, pero era más de lo que yo tenía y todo me lo ofreció. Recuerdo que llegó a hablar con sus padres para que me ofrecieran una habitación en su casa. Puedo asegurar que no solo construí una amistad eterna, sino que aprendí una gran lección junto a esta familia.

Nahuel era ese niño de 8 años al que yo había rechazado por no tener nada interesante. Cuatro años después me ofreció su amistad y ayuda sin rencores ni reproches. En momentos de intimidad Nahuel logró poner en palabras cosas que le pasaban en relación a la situación familiar. Luego de escucharlo pude mirar al costado y quitar la mirada de mí, entonces me avergoncé de haberme victimizado durante tanto tiempo sosteniendo el discurso del sufrimiento para justificar el consumo de drogas, el robo y tantas otras prácticas. Todo se reducía a la nada misma al escuchar la historia de extrema tristeza de un niño que se comportaba como un adulto para proteger su vida en la jungla.

Pocas veces me sentí tan miserable como cuando escuché a mi amigo hablar de sus dolores con tanta crudeza y sinceridad. Sus padres no se levantaban de la cama en todo el día, el hermano mayor había sido detenido por robo, y ni siquiera sabía si seguía vivo. Varios de sus hermanos menores se encontraban en hogares convivenciales por orden judicial, otros estaban en situación de calle y los hermanos que vivían con él eran quienes sostenían a la familia, mendigando por las calles. Mientras tanto, yo renegaba de mi familia y rechazaba lo mucho que me podían ofrecer, comparado con la terrible realidad de mi amigo. Nahuel abrazaba y amaba a su familia como un niño abraza un regalo preciado. Pero lo que su familia no llegaba a suplir él salía a buscarlo por las calles de su barrio, donde permanentemente le ofrecían drogas para anestesiar sus dolores.

Tal fue el cariño que me despertó Nahuel, que nuestra relación fue tomando fuerza y se transformó en una hermandad. Por eso decidí cuidarlo como a un hermano menor, empaticé tanto con su necesidad que me sentía en la obligación de retribuir la ayuda que él me estaba dando y le agradezco a Dios por el sentir que puso en mí, ya que a partir de ese momento, comencé a desarrollar una sensibilidad especial por proteger la vida de los más necesitados.

En fin, Nahuel me llevó a vivir una etapa diferente en mi vida, me hizo redefinir mi concepto de amistad. Su vida ayudó a evaluar la mía y ver que yo no era el único que había vivido injusticias y, que en comparación con lo que él había sufrido, lo mío no era más que un rasguño.

Ahora veo la mano de Dios en esa alergia que me llevó a la reflexión y me acercó a Nahuel. Bendita alergia.

En la calle se acostumbra a llamar a los compañeros de consumo "amigos". Es un término muy usual entre pares en la jerga de la calle y lo he usado en miles de oportunidades, hasta llegué a creer que tenía un millón de amigos, pero en verdad estaba rodeado de un sinnúmero de chicos que pasaban por el mismo desconcierto y sufrimiento que yo. Solían refugiarse en las mismas cuevas, tenían frustraciones similares y, al igual que yo, prefirieron callar antes que enfrentarlas. Eso me llevaba a confundir amistad con igualdad de condiciones.

Por medio de la vida de Nahuel, Dios me enseñó a amar a mi prójimo como a mí mismo, sin mirar lo que las personas tienen para darme, mirando el valor humano que hay en ellos: un ser que siente, vive y necesita de otros al igual que yo. Lo que Dios me enseñó al lado de la familia de Nahuel no lo aprendí en ningún otro lugar, con ellos descubrí que no importa cuánto tengas, sino cuánto estés dispuesto a dar.

Desde ese día comencé a mirar todo con otros ojos. Mi vida dejó de ser la misma, ahora sabía que yo era solo una persona más de un mundo que necesita ayuda.

"Ahora veo la mano de Dios en esa alergia que me llevó a la reflexión y me acercó a Nahuel. Bendita alergia."

No estigmaticemos a las personas, ni las desplacemos. Si valoramos a todos por igual, encontraremos mucho más de lo que imaginamos. Si lo intentamos, seguramente experimentaremos aprendizajes que nos harán ricos en espíritu. Dios decidió mirarnos y no por lo que teníamos, sino por quienes somos y, solidarizándose con nuestras necesidades, envió a Jesús para salvarnos de la muerte segura a la que nos conduce el pecado.

REFLEXIONEMOS

¿Cuáles son esas personas que por alguna buena razón llevan el nombre de amigos en tu vida?

....
....
....
....
....
....
....
....
....

¿Quiénes fueron esas personas en tu vida dejaron de llamarse amigos, más pasar a ser hermanos y porque?

....
....
....
....
....
....
....
....
....
....

CAPÍTULO 19

Operativo rescate

Pues a sus ángeles mandará acerca de ti, que te guarden en todos tus caminos

SALMOS 91.11 RVR60

Nico salió a buscarme por las calles, hacía meses que no sabía nada de mí y deseaba verme. Cuando me encontró, intentó convencerme de que volviera a casa. Al principio le di algunas vueltas, pero al final acepté ir de visita.

Al entrar a casa mi mamá corrió a abrazarme, me apretó fuerte y lloró largamente. Debo admitir que en ese momento no sentí pena por ella, era como si creyera que esas lágrimas eran lo mínimo que se merecía. Por primera vez mi corazón estaba seco, debilitado. Al instante vi a mi papá quien, después de haber pasado mucho tiempo internado en el Borda, ahora vivía con ellos. Se lo veía muy afectado por la medicación, casi no hablaba, cada tanto se levantaba para salir de la casa a fumar un cigarrillo. Por su parte, mi mamá no paraba de llorar y suplicarme que me quedara.

Algunos días después decidí regresar a casa, aunque ahora era distinto. No daba explicaciones de adónde iba ni a qué hora volvería. Había quedado claro que regresaba con mis reglas. Pero no duraría mucho tiempo.

Casi siempre volvía tarde y en la mayoría de los casos, acompañado de algún amigo. Solo usaba la casa para dormir o hacer fiestas con mis amigos, en las que nos drogábamos durante toda la noche. Para mi mamá era como volver a respirar y dormir por las noches, ya había vivido bastante tiempo con el corazón en la boca, asfixiada por la incertidumbre. Hasta hacía unos días lo único que sabía de mí era lo que le contaban las vecinas: que estaba delinquiendo y si seguía así tendría que ir a reconocerme a una morgue. Eso explica que ahora ella solo se conformaba con verme, aunque fuera una vez al día, en el estado que fuera y con quien fuera. No le importaba a qué hora volvía con tal de asegurarse de que me vería una vez más.

Debo admitir que los comentarios y advertencias de la gente estaban muy cerca de la realidad, fueron muchas las veces que Dios me libró de la muerte. Estoy seguro de que fue la respuesta de Dios a tantas oraciones de mi madre, mi hermana y gente que se unía por la misma causa: que Dios hiciera un milagro en mi vida.

El tiempo pasaba y yo seguía hundiéndome en el abuso de las drogas. Las maratones de consumo ahora comenzaban en mi casa, me levantaba y pensaba cómo haría para conseguir mi dosis. Mis padres tomaban mucha medicación, así que los psicofármacos pasaron a ser mi droga de base, solo tenía que asegurarme de que no les faltara a ellos y sin que se dieran cuenta tomaba unas cuantas y salía a buscar más.

Recuerdo una mañana en particular: me levanté con el mismo plan de todos los días, solo que antes de salir de casa vi a mi mamá llorando sola en su habitación, acostada en su cama, con la mirada perdida en el techo y balbuceando. Negando la situación, fui al comedor. Allí estaba mi papá, sentado en el sofá, babeando y mirando la televisión mal sintonizada, lo cual no parecía importarle en lo más mínimo. Esto hablaba a las claras de que estaba perdido en su mundo. Salí corriendo de ese lugar en búsqueda de mi droga, tratando de olvidar y borrar de mi mente ese terrible momento que acababa de vivir.

En el barrio me encontré con dos de mis compañeros de consumo y les dije que estaba cansado de vivir así. Intentaron contenerme de la manera que sabían hacerlo, así que nos fuimos a un barrio cercano para conseguir más droga. Solíamos hacer este recorrido y nunca antes habíamos tenido problemas, pero ese día, a pocas cuadras del lugar de venta, nos detuvo la policía.

Yo aún era menor de edad, solo tenía diecisiete años, así que para salir de la comisaría debían venir a buscarme mis padres. Pero antes de que fueran a buscarme, prefería pasar la noche o los días ahí. Tras dejarme varias horas demorado, un móvil de la Policía fue a dar aviso a mis padres y finalmente vino mi papá.

Al instante lo entrevistó el comisario, quien le explicó la razón de mi detención. Mi papá, con lágrimas en los ojos, le habló de la situación familiar, de sus enfermedades y de cómo habían perdido el control sobre mi vida. El discurso fue de un padre desesperado y el comisario se conmovió con la historia. Entonces le sugirió un lugar donde yo podría hacer un tratamiento y que, si no accedía, podía volver para solicitar la intervención judicial.

Mientras tanto, yo seguía bajo el efecto de las drogas, había consumido unas cuantas pastillas y los policías solo me habían encontrado una parte. En ese momento me reí de lo paradójica que había sido la vida conmigo, cuántas veces había robado y delinquido... pero ese día me llevaron detenido por primera vez solo por comprar un poco de droga.

En el colectivo de regreso a casa, mi papá me decía que debía pensar en mi mamá, que no lo hiciera por mí, sino por ella. Él intentaba sensibilizarme, pero yo no podía contener el sentimiento de mi corazón y deseaba gritar, golpearlo, romper todo a mi alrededor y decirle que así de destruida ellos habían dejado mi vida. ¡Y todavía tenía el descaro de hablarme de sus sentimientos!

En mi casa todos esperaban para saber qué había pasado. Cuando mi papá les contó lo que el oficial le dijo acerca de mi detención y la posibilidad de un tratamiento judicializado, Celeste tomó la iniciativa y se ofreció a acompañarme. Ahora era mi turno de decidir entre irme una vez más de mi casa o acceder a la propuesta. Al día siguiente mi hermana me preguntó si había tomado la decisión, porque no había tiempo que perder. Frente a esas presiones pensé que si me iba, no volvería a ver ni a Nico a quien amo con todo mi corazón, ni a mi sobrina Violeta, y me perdería la posibilidad de verla crecer. Estos primeros sentimientos fueron los que me ayudaron a tomar la decisión de iniciar un tratamiento.

De inmediato Celeste se puso en contacto con un Centro de prevención contra las adicciones y programó una entrevista. Recuerdo como si hubiese sido ayer a la persona que me hizo la entrevista de admisión. Antes de presentarse y con cara de pocos amigos, me preguntó para qué había ido.

No sabía si quería que le contestara o solo me estaba provocando. Lo miré con mucha bronca y le dije que estaba ahí para dejar la droga. Al parecer di con la respuesta correcta ya que automáticamente sacó una larga lista de normas y pautas, y comenzó a leerlas: "Por el momento intentaremos que hagas tratamiento ambulatorio, lo que significa que deberás permanecer en tu casa hasta la próxima entrevista, la cual será dentro de unos meses. Entonces determinaremos si seguimos así o si deberemos internarte. Mientras tanto deberás respetar cada una de las pautas que te detallaré a continuación, de esta manera evitaremos que sigas viviendo la vida que hoy decís querer cambiar. Es por eso que no podrás ir solo a ningún lado, deberás estar siempre acompañado por un referente, sea familiar o amigo, quien antes deberá ser entrevistado por nosotros, así que hasta que eso suceda Celeste será tu único referente. No podrás manejar dinero, si trabajás no solo deberán acompañarte, sino que también deberán administrar tu sueldo. No podrás conducir vehículos de ningún tipo, ya que las drogas que consumiste pueden tener efectos residuales y no queremos que te accidentes. No podrás verte con ningún compañero de consumo, deberás evitarlos y aclararles que no podés estar con ellos por tu tratamiento. No podrás frecuentar lugares en los que hayas consumido o en los que existan riesgos de consumo. No podrás escuchar música que te recuerde épocas de consumo o te incite a consumir. Deberás mantener tu día ocupado con actividades programadas, respetar los horarios para levantarte y acostarte, al igual que los del desayuno, el almuerzo, la merienda y la cena."

Cuando terminó de leer esa lista de castigos, volví a casa con Celes, quien pensaba que nunca más volvería a ese lugar.

No estaba equivocada, ese lugar despertaba lo peor de mí, la situación me generaba ira, pero no tenía alternativa. Por un lado, odiaba el día en el que la policía me había detenido, pero por otro celebraba mi detención.

La Biblia dice: *Y sabemos que a los que aman a Dios todas las cosas les ayudan a bien, esto es, a los que conforme a su propósito son llamados* (Romanos 8.28).

Te aseguro que en aquel momento no podía pensar que todo lo que acabo de narrar me ayudaría para bien. Estar sujeto a un sistema de normas, conviviendo con mi familia, teniendo que visitar una vez a la semana este lugar que me había castigado con esas pautas, no me causaba ninguna alegría.

Solo con el tiempo Dios podría demostrar que esto me ayudaría no solo a recuperarme de las drogas, sino también a curar mi corazón, que era el más afectado.

> *Ciertamente, ninguna disciplina, en el momento de recibirla, parece agradable, sino mas bien penosa; sin embargo, después produce una cosecha de justicia y paz para quienes han sido entrenados por ella*
>
> HEBREOS 12.11 NVI

REFLEXIONEMOS

¿Relata algún suceso de tu historia que lo entiendas como un operativo rescate y menciona a las personas que fueron parte de tal suceso?

....
....
....
....
....
....
....
....
....
....
....
....
....
....
....
....
....
....
....
....
....
....

¿De qué manera ves a Dios en medio de esa dramático momento?

CAPÍTULO 20

Una operación sin anestesia

Aquello que fue, ya es; y lo que ha de ser, fue ya; y Dios restaura lo que pasó.

ECLESIASTÉS 3.15 RVR60

L a recuperación no iba a ser fácil. Debía estar 24 horas encerrado en mi casa. Aunque lo peor no era eso, sino el tener que convivir con aquellas personas que habían sido las responsables de muchos de mis fracasos y frustraciones. Por otro lado, sufría cada minuto por estar lejos de la calle, de las drogas y de los amigos de consumo.

Durante el primer mes de tratamiento, Celeste iba semanalmente al centro de adicciones para participar de un taller formativo donde orientaban a la familia de los pacientes en el rol de acompañantes, tarea clave en un tratamiento. Les explicaban la importancia del cumplimiento de las normas y pautas. Era un espacio donde, además de aprender, cada familiar podía hacer una especie de catarsis contando los sufrimientos que la droga había ocasionado en sus vidas y la de su familia. ¡Qué realidad tan triste!

Llegó el día de mi entrevista individual con la psicóloga. Eleonora, muy sonriente y amigable, me invitó a pasar al consultorio. Me dijo que me haría algunas preguntas protocolares para armar mi legajo: nombre, apellido, edad, fecha de nacimiento, etapa escolar, inicio de consumo, tipo de drogas consumidas, cómo conseguía el dinero, si había lastimado a alguien y preguntas por el estilo. Pero hubo una que me desarmó: "Y a vos, ¿te lastimaron?"

No pude responder con palabras, porque una ola de lágrimas hizo un tsunami en mí.

No puedo explicar lo que sentí en ese momento, solo sé que Dios estaba ahí, él diseñó esa entrevista, se encargó de escoger el lugar y a la persona correcta. Desde ese día algo en mí comenzó a cambiar, sentí que a alguien le importaba, con quien podría recuperar el valor y la confianza personal.

Si bien había salido de la entrevista con unos cuantos kilos menos de angustia y dolor, volvía a mi realidad, donde me esperaban mis padres, con quienes estaba profundamente enojado, y la Sargento Celeste, quien me llevaría a esas cuatro paredes que para algunos se llamaba casa, pero que para mí era el lugar de castigo.

Mis padres se esforzaban por mostrarse afectuosos, pero yo les manifestaba mi constante rechazo. Cualquier tipo de acercamiento o actitud amable de su parte me generaba enojo. Celes era la columna vertebral de mi recuperación. Era ella quien controlaba todo y estaba pendiente de mí las 24 horas: horarios, actividades, estados de ánimo... Ella era la única persona autorizada por mí para corregirme, cualquier otro que lo intentara era un suicida. Celeste no podía dejarme solo en ningún momento y así como debía acompañarme a mí en alguna actividad, de igual manera tenía que hacerlo yo. Recuerdo lo mal que me ponía cuando tenía que acompañarla a la iglesia. Me estallaba de la furia, el orgullo no me dejaba avanzar. En el fondo sabía que era lo que debía hacer y finalmente después de discutir por largos minutos y hasta horas, terminaba accediendo porque no tenía otra opción. También renegaba por tener que acompañarla a hacer compras, o llevar a Violeta al colegio y otras tareas domésticas, pero aun así fue con quien logré avanzar varios kilómetros en el camino de mi recuperación.

Fran también buscaba ayudarme. Él y Nico sostuvieron mi vida económicamente durante ese tiempo. Nico era mi confidente, quien se alegraba de mis avances, con quien hablábamos mucho de sus logros y de sus nuevos amigos. Y mi sobrina Violeta, con apenas cuatro años, fue clave en mi recuperación, ya que solo con ella me podía mostrar cariñoso, ejercicio que había dejado de practicar desde mis doce años.

Todo me costaba el doble y, como si eso fuese poco, como parte del tratamiento la psicóloga me indicó que debía retomar el estudio secundario. Había abandonado en primer año, por lo tanto, me faltaban tres para finalizar. En mis planes no estaba estudiar, en realidad no tenía muchos planes. Uno de los objetivos del tratamiento era ayudarme a construir un proyecto de vida, y el primer paso era terminar mi etapa escolar. Yo consideraba que había pasado mucho tiempo como para retomar, pero no tenía opciones. Así que junto con mis padres salimos en búsqueda de un colegio donde inscribirme.

Como aún no tenía dieciocho años, no podía estudiar en un colegio para adultos, los que significaba que estaría con chicos cuatro años menores que yo. ¡Toda una tortura!

Cuando inicié el ciclo escolar, me di cuenta de que no había sido un prejuicio: mis nuevos compañeros adolescentes eran literalmente insoportables, hablaban pavadas todo el tiempo y hacían cosas que me daban vergüenza ajena. Yo vivía pendiente de que no se pasasen de listos conmigo, estaba a la espera de ese momento para dejarles en claro quién era yo. Pero ¿cómo iba a explicarles que había sido un pibe de la calle con quien no les convenía meterse, si mi papá tenía que acompañarme hasta la puerta e irme a buscar todos los días como si tuviese doce años, mientras que, a pesar de ser más chicos, ellos iban solos o con sus amigos y novias? Toda una contradicción.

No me quedaba más remedio que guardar silencio. Si me fastidiaban, se los hacía notar y si me agradaban, también. Así como recuerdo situaciones difíciles, también hubo anécdotas que marcaron un tiempo inolvidable en mi vida y en mi recuperación. Estaba claro para todos que no iba para hacer relaciones, estaba determinado a estudiar y no perdía el tiempo. Aunque pasaba largas horas en casa estudiando y esforzándome para retener lo que aprendía, no lograba concentrarme ni memorizar, me frustraba y terminaba copiándome en los exámenes. Compañeros y docentes que se fueron enterando de mi situación no tardaron en ayudarme. Le agradezco mucho a Dios por ellos.

Otra de las sugerencias de mi psicóloga fue retomar el fútbol. Cuando lo propuso pensé que era absurdo. Era como desenterrar a un muerto y pretender que camine. Mi sueño olía mal, estaba frustrado y acabado. Luego de hablar mucho de esto en terapia, accedí a intentarlo. Francisco me acompañó a un club para probarme. Jugué muy bien y logré lucirme, pero era evidente que lo que diseñaba en mi mente era imposible ejecutarlo con mi cuerpo. Estaba lento, sin aire, con poca fuerza, sin resistencia ni velocidad y eso me angustió mucho. Desde ese día decidí dejar de fumar tabaco ya que comprendí que solo me traía problemas.

Aquel día, pese a los resultados, me reencontré con mi pasión y, aunque no era lo mismo que cuando tenía doce años, luché contra el desánimo y busqué una motivación que me impulsara a practicar. Me costó encontrar la motivación correcta, pero con el tiempo descubrí que detrás del deporte hay salud, felicidad, relaciones, aprendizaje, valores y mucho más que fama, dinero, fanatismo y pasiones.

Todo lo que me pasaba, ya fuera en casa con mis padres o hermanos, en el colegio con profesores o compañeros, en el club con mi sueño y el fútbol, cada situación que me movilizaba, aquello que me desanimaba, o lo que me motivaba, lo hablaba en terapia. Era tanta mi necesidad de hablar que lo aprovechaba al máximo. A decir verdad, siempre me gustó hablar más que escribir, comer o dormir. Podría decir que reemplacé la pasión del fútbol, por la de hablar. Así como cuando era niño podía estar horas con un juego o frente a al televisor o jugando al fútbol, hoy puedo estar horas hablando, comunicando, informando y formando. Es algo que me desvela y me impulsa, sobre todo cuando se trata de ayudar a otras personas a alcanzar la plenitud en sus vidas.

Con la ayuda de Dios, de mi familia, de profesionales de la salud y la educación, logré recuperar la capacidad de soñar. Descubrí que había mucho más para mí que ser un jugador de fútbol, que todavía podía remontar todas las áreas de mi vida que se habían estrellado. Es por eso que te animo a que le creas a Jesús, quien nos puede liberar de la frustración, del fracaso y la derrota. Con quien adquirimos confianza y fortaleza para levantarnos y correr, caminar o arrastrarnos hasta la meta. Te aseguro que de la mano de Jesús no te detendrás, avanzarás hasta la victoria y lograrás alcanzar más que tus sueños, alcanzarás los sueños de Dios para tu vida y conocerás la verdadera felicidad, la que lo llena todo y sana las heridas del pasado, transformándolas en la plataforma de construcción de la gloria futura.

REFLEXIONEMOS

¿Cuáles son las frases de este capítulo que hablaron a tu corazón y que deseas recordar?

....
....
....
....
....
....
....
....
....
....

¿En que aspectos te sientes identificado con Mati de tu vida personal?

....
....
....
....
....
....
....
....
....
....

CAPÍTULO 21

Retroceder nunca, rendirse jamás

Y Jesús le dijo: Ninguno que poniendo su mano en el arado mira hacia atrás, es apto para el reino de Dios

LUCAS 9.62 RVR60

Tras seis meses de tratamiento había logrado la desintoxicación. Esto me permitía pensar y razonar de una manera diferente. Por eso logré avanzar en el colegio con muy buenas calificaciones y mejorar el rendimiento futbolístico, y ambas actividades me mantenían ocupado. Con el paso de los días iba recuperando la autoestima, pero como dice el sabio consejo bíblico "el que piensa estar firme, mire que no caiga" (1 Corintios 10.12). Mi deber ahora era sostener todos los avances y encontrar el equilibrio.

Se acercaba la fecha de mi cumpleaños número dieciocho, y Nico y mi familia querían festejarlo de una manera especial. Muchos habían llegado a decir que no viviría para cumplirlos y sé que lo decían por la vida que estaba llevando.

Me preguntaron a quiénes quería invitar. La verdad es que no tenía muchas amistades fuera de mis ex compañeros de consumo. Fue en ese momento que pensé en recuperar algunas de mis relaciones, como el pastor Carlos Ligotti y su familia, quienes nos habían ayudado en el momento más crítico. También les pedí que invitaran a Fede, mi amigo de la infancia, con quien crecí y compartí los primeros años de mi vida hasta que me mudé a Merlo. Así que junto a los invitados, mis padres y todos mis hermanos celebramos mis dieciocho años.

Ese día estaba muy nervioso, porque volvería a ver a la familia pastoral, con quienes había sido muy duro en mi último trato. Recuerdo que aproveché la reunión para pedirles perdón.

A Fede no lo veía desde hacía cinco años, por lo tanto no era nada fácil el reencuentro: tenía que explicarle el verdadero motivo de mi desaparición. Me sentía avergonzado no solo por todo lo que había hecho, sino por tener que contárselo. Él era un gran modelo para mí, desde pequeño fue un extraordinario amigo, inteligente y solidario. Él y su familia me dieron siempre el mejor trato, me sentí adoptado y cuidado por ellos. Esto fue lo que generó en mí un profundo respeto, por eso le pedí a Fede que no les contara a sus padres lo ocurrido ya que temía perder su amor y su estima.

Fede me ayudó mucho a recuperar mi infancia, me invitaba a jugar al fútbol con amigos en común, fuimos juntos a buscar trabajo, me ofrecía quedarme en su casa a cenar y a dormir, lugar en el que habíamos compartido muchos momentos únicos e inolvidables y fue así como nuestra amistad tomó más fuerza que antes. Fede fue, es y será el amigo que Dios me regaló.

Pero en medio de este hermoso reencuentro comencé a sentir tristeza, veía que él había avanzado en una carrera universitaria, mientras que a mí me faltaban aún tres años para terminar el secundario. Salíamos a buscar trabajo y a él lo tomaban, pero a mí no. Veía que mis compañeros de fútbol de la infancia jugaban en nivel profesional y no podía disfrutarlo, ya que sentía que yo podría haberlo hecho mejor.

Pese a todo, la fiesta fue inolvidable. Estuvieron todos mis hermanos, mis padres y algunos amigos, algo impensado dado que meses atrás estaba caminando sin rumbo por la vida, y ahora, no solo estaba estudiando y recuperando sueños y vida social, sino que también me estaba recuperando de las adicciones.

En mi casa contribuía de muchas maneras, una de ellas eran las tareas domésticas: limpiar, lavar, cocinar, mantener el parque, realizar trámites y acompañar a mis padres a hacer diligencias. Esto justificaba la ayuda económica que recibía de mis hermanos. Ellos me proveían para las necesidades básicas, pero eso no era suficiente, ya que tenía gastos adicionales como útiles escolares, transporte, higiene, y cosas así. La falta de recursos me desalentaba, pero no estaba en condiciones de exigirles más de lo que ya hacían por mí, solo debía agradecerles y cuidar el dinero. En muchas oportunidades me vi tentado a cometer delitos, algún robo como para abastecerme al menos unos meses sin la necesidad de pedirles a mis hermanos, pero sabía que eso me haría retroceder, por lo tanto decidí resistir a ese pensamiento y mantener la calma.

Un mañana recibí la inesperada noticia de que uno de mis compañeros de calle, por no decir mi hermano mayor, con quien había compartido los momentos más duros de mi etapa de consumo, se había suicidado. Quedé paralizado, ni siquiera pude llorar. Mi mente y corazón se detuvieron a tal punto que, aunque sentía la necesidad de recordar buenos momentos con él, no lo lograba. Era como si Dios hubiera sujetado mis emociones para evitar que cayera en una profunda tristeza que afectara mi tratamiento.

Cuando logré procesar lo ocurrido, otro de mis mejores amigos vino a casa para pedirme ayuda: necesitaba guardarse un tiempo porque con otro compañero habían cometido un robo que salió mal. Ambos eran conocidos míos y uno sufrió graves heridas de bala y lo detuvieron tras el hecho, mientras que este último vino a pedir ayuda. Yo no podía hacer nada por él y tener que decírselo me hacía sentir el peor amigo del mundo.

Como si esto fuese poco, algunos meses más tarde otro de mis compañeros de consumo había sido detenido. Esto me puso muy mal, pero fue peor cuando me dieron la noticia de que en el penal lo habían asesinado de una puñalada en el pecho.

Yo sufría en silencio no solo por las pérdidas, sino por no estar ahí para ayudarlos.

Las malas noticias no paraban de llegar, eran como certeros dardos a mi corazón. Ahora era el turno de otro hermano de calle a quien respeto y aprecio mucho. Tras haber tenido un problema grave con otro, se dio a la fuga para no ser condenado. Todavía sueño con volver a encontrarlo para abrazarlo y agradecerle por su ayuda incondicional.

Cada uno de ellos dejó una marca en mi corazón y lamento que hoy no estén para agradecerles por cada gesto. Tengo que decir que son muchos los que hoy no están, quienes al igual que yo pasaron de jugar al «piedra, papel o tijera», a jugar con la piedra de marihuana, el papel de cocaína y terminar por cortar con la tijera sus sueños, carreras y hasta la misma vida.

Durante mucho tiempo me sentí en deuda con ellos, porque abrieron las puertas de su casa para hospedarme, o porque me prestaron un colchón y una frazada, me compartieron su baño, su ropa y me regalaron su comida. Muchos se arriesgaron por mí para protegerme y eso quedó marcado en mi corazón.

Pero estaba a punto de conocer la mejor versión de amistad, entrega y compromiso que nunca antes había visto ni experimentado.

Fue una tarde cuando regresábamos con mi mamá del hospital. Ella se había descompuesto por las varias horas de viaje, y eso nos obligó a bajar de urgencia. Cuando ella se recuperó, me descompuse yo al darme cuenta de que me había olvidado la mochila en el tren. Mientras intentaba tranquilizar a mi mamá para que no se sintiera culpable, busqué a personal del ferrocarril para que me ayudaran a recuperar la mochila. Ellos se pusieron en contacto con empleados del tren para que revisaran el vagón en el que habíamos viajado. Desafortunadamente el operativo rescate fracasó y volvimos a casa con una gran angustia. Entonces decidí hablar con Dios como pocas veces lo había hecho y le dije: "No es que te esté haciendo responsable de esto, pero sé que podés hacer que la mochila aparezca, de no ser así voy a dejar el colegio. Ya es demasiado: hago esfuerzos de todo tipo para estudiar, y ¡pierdo la mochila por ayudar a mi mamá! Yo quiero seguir adelante, necesito que me ayudes".

Que la mochila apareciera era un verdadero milagro, la había perdido en un tren a cuarenta kilómetros de mi casa y el único valor que tenía era el esfuerzo de mi primer año de estudio.

A la mañana siguiente recibí un llamado telefónico de una mujer que tenía mi mochila. Yo no podía contener la felicidad, le pedí la dirección y, mientras tomaba nota, decía en mi mente: «No me importaba a dónde tenga que ir a buscarla». Hasta que me di cuenta de que la mujer vivía a solo cinco cuadras de mi casa. Ese día comprobé que Dios no solo escuchaba mis oraciones, sino que además estaba atento a todas mis necesidades.

REFLEXIONEMOS

¿Cuál fue ese momento en tu vida en el que decidiste no rendirte y seguir adelante cueste lo que cueste?

....
....
....
....
....
....
....
....
....
....

¿Cuáles fueron las personas que te sostuvieron y de qué manera?

....
....
....
....
....
....
....
....
....
....

CAPÍTULO 22

Grandes motivaciones

Porque la palabra de la cruz es locura a los que se pierden; pero a los que se salvan, esto es, a nosotros, es poder de Dios

1 CORINTIOS 1.18 RVR60

Estaba terminando un año clave en mi nueva etapa de vida. Costó mucho, pero logré avanzar en varios aspectos. Hasta que una tarde Celeste me dio la dura noticia de que, por razones laborales, debería mudarse a la Capital, a unos cincuenta kilómetros de donde vivíamos. No puedo explicar la angustia que esa noticia produjo en mí, porque tanto Celeste como Violeta eran un gran apoyo emocional y relacional.

Esa tarde, mientras la acompañaba hasta la parada del colectivo, Celeste me dijo algo que se grabó en mi mente y corazón: "Mati, no importa lo que haya pasado, ni el tiempo que se perdió, lo importante es que aún estás en carrera y no debés dejar de correr. Aunque parezca que estás atrás de muchos y lejos de la meta, no te detengas, porque lo importante no es quién llega primero, lo importante es llegar y para eso hay que correr".

Esas palabras me enfocaron, fueron como flechas directo al blanco de mi necesidad. Disiparon mi desconcierto y calibraron mi mira hacia los objetivos. Ya no necesitaba a Celeste, ahora sabía lo que debía alcanzar y avancé sin detenerme. Desde entonces comencé a buscar en mi interior cuáles eran las cosas que me estaban pesando, las que no me dejaban correr con la agilidad necesaria y encontré varias que me estorbaban e intenté despojarme de ellas.

En primer lugar encontré una fuerte rivalidad con mi hermano mayor, a quien durante mucho tiempo le había reprochado que no hubiese estado a mi lado en el momento que más lo necesité. Busqué perdonarlo y me esforcé por hacerlo más allá de mis deseos. No fue de un día para el otro, pero era mi objetivo cada día; eso me mantenía en ejercicio, hasta que finalmente lo logré.

Luego me di cuenta de que aún había en mi corazón una frustración enorme por no haber sido jugador de fútbol, lo cual provocó una fuerte raíz de amargura que no lograba erradicar.

Sin darme cuenta estaba dando grandes pasos. Todos advertían mis esfuerzos y los cambios que había logrado en tan poco tiempo. En un momento me di cuenta de que estaba quedando limpio: todo ese enojo y odio que me llenaron durante tanto tiempo, más la droga que usé para anestesiar mis heridas ya no estaban, desde entonces busqué llenar los vacíos con logros personales.

Ese mismo año conseguí el alta del tratamiento contra las adicciones. Fue el primer objetivo institucional que alcancé. Pudimos recordar cómo había llegado, mis actitudes, el deterioro general y nos reíamos de esa anecdótica entrevista de admisión donde casi mato a un operador. Recordamos también mi primera sesión con la psicóloga y el mar de lágrimas, las discusiones familiares en plena terapia porque mis padres no cuidaban el orden y la limpieza que yo hacía en casa; mis lamentos por no poder ir solo al colegio y tantos otros momentos vividos, por los cuales había sufrido mucho.

Esa fue una etapa fundamental en el inicio de mi proyecto de vida. Agradezco infinitamente a Dios y a todos los profesionales y compañeros de tratamiento por su ayuda oportuna.

Tras esta gran victoria alcancé otra no menor: logré terminar mi primer año de estudio secundario con una de las mejores calificaciones del curso, lo cual era inimaginable para mí, que había retomado con muy pocas ganas, casi obligado. Sin embargo, llegué a fin de año con estos avances notorios desde las actitudes hasta las notas. El primer año lo llevo en un lugar muy especial de mi corazón.

Ya había logrado los objetivos trazados para ese período: recibí el alta en el tratamiento, recuperé la confianza de mi familia, terminé el primer año del secundario, volví a jugar al fútbol, me reencontré con amigos de la infancia con quienes compartía fiestas y salidas. Al parecer, todo marchaba mejor de lo imaginado. Mientras disfrutaba de todo esto, inexplicablemente comencé a sentir un gran vacío en mi corazón.

Al principio llegué a pensar que se trataba de la falta de drogas, pero rápidamente reflexionaba y eso no podía ser, porque era lo último que quería en la vida. Luego pensé que se trataba de un sueño frustrado, pero no estaba seguro. Después sentí que era porque aún no podía perdonar a mis padres, o porque no conseguía trabajo. Quizás era porque no tenía una relación amorosa con quien iniciar un noviazgo. Todos estos y más eran los pensamientos que anidaban en mi cabeza, pero ninguno respondía a la necesidad de mi corazón.

Luego de mucho pensar sin encontrar respuesta, terminé por preguntarle a Dios cómo podía llenar ese vacío que sentía en mi corazón. La pregunta fue simple pero profunda y la respuesta fue rápida y abastecedora: Jesús.

Solo él puede llenar todos los vacíos, con su amor se encargará de sanar tu pasado, restaurar tu presente y transformar tu futuro. Aceptarlo como hijo de Dios y como tu único modelo a seguir te garantizará la felicidad plena y la madurez necesaria para vivir en un mundo de insatisfacciones. ¿Aceptás la propuesta de seguirlo?

Acepté la propuesta y desde ese momento su ayuda fue tan rápida como la luz y comenzó a satisfacerme desde lo más profundo de mi ser hasta mi ser exterior. Sin hablar con mi familia, un domingo me levanté de mañana y me preparé para ir con ellos a la iglesia a la cual no asistía desde los doce años. Volver no era una opción. Si quería volver a empezar debía ser en ese el lugar, donde tendría que reparar todo el daño que había provocado con mis malas decisiones. Nadie entendía, pero todos guardaban silencio. Desde ese día encontré la respuesta a todas mis preguntas, y las dudas e inseguridades fueron desapareciendo como el humo.

En la iglesia inicié un nuevo tratamiento, una especie de escuela de manejo donde me enseñaron a conducirme por el camino de la vida guiado por el GPS de excelencia y con un copiloto único como acompañante permanente.

Ese fue un tiempo difícil, en parte hice una regresión al volver a pasar por los lugares donde había generado o recibido heridas, tuve que aprender a perdonar y también fui perdonado. Fue un tiempo de reparaciones.

Es por eso que busqué el consejo de Dios de una manera especial, me sujeté fuerte a sus palabras, seguí sus consejos e intenté practicar cada uno haciendo siempre mi mayor esfuerzo. La velocidad de los resultados fue sorprendente, comencé a ver cómo mis heridas internas, esas que se generaron en mi corazón y en lo más profundo de mí, se iban restaurando.

Decidí conversar con Dios sobre cada cosa que me pasaba, buscaba responder a mis obligaciones pensando antes qué haría Jesús en mi lugar; deseaba llenar mi vida de su presencia, de sus consejos y conducirme por el camino desconocido pero seguro, al ser guiado por la verdad. Dios comenzó a hablarme de una manera única haciendo que mi espíritu se elevara. Las personas a mi alrededor no entendían, se sentían confundidos, preguntaban cómo podía ser que en tan poco tiempo hubiera cambiado tanto. No había miedo en mí, porque sabía que Dios estaba guiando mis pasos, él estaba conmigo y sentía su absoluta aprobación y protección.

La lucha se libraba cada día con mayor violencia. Había momentos difíciles, pero esos fueron los que más me fortalecieron en la fe. El amor de Dios disipaba las dudas que llegaban como misiles a mi cabeza; las maquinaciones parecían lluvia de lanzas directas a matar, pero Dios se encargaba de ser mi escudo y me libraba de esas batallas que solo se ganan bajo sus alas y sin sacar los ojos de la cruz de Cristo. Esa era mi meta, sabía que estaba en una carrera que recién comenzaba pero había entendido hacia dónde correr.

La exigencia era cada vez mayor. Algunas personas que se burlaban por mi acercamiento a Jesús, poco entendían lo que eso significaba para mí. Perdí algunas compañías y hasta mi familia creyó que se trataba de un amor de verano. Pero no juzgo a nadie porque sé que no se puede explicar el poder de Dios cuando actúa sobre una vida vacía que desea ser llenada por su presencia. Su cruz enloquece al que busca entender, pero empodera al que decide creer. Lo cierto es que desde que decidí regresar a su casa y hacer iglesia con los vecinos del Centro Familiar Cristiano del Barrio Samoré, en la localidad de Merlo en la zona Oeste del Gran Buenos Aires, encontré la respuesta que mi alma necesitaba para seguir viviendo y esa respuesta es Jesús.

REFLEXIONEMOS

¿Alguna vez pasaste por un proceso de recuperación? ¿De qué tipo y cómo fue?

....
....
....
....
....
....
....
....
....
....

¿Cuáles fueron las principales motivaciones que encontraste para seguir adelante y no abandonar?

....
....
....
....
....
....
....
....
....
....

CAPÍTULO 23

La restauración duele

"Honra a tu padre y a tu madre, para que tus días se alarguen en la tierra que Jehová tu Dios te da"

ÉXODO 20.12 RVR60

Una de las grandes batallas que se libraba cada día en mi casa era contra mis padres. No podía controlar la ira que me generaban sus actitudes. Me encolerizaban. Por más que Dios me rodeaba de su amor, había una raíz de amargura en mi corazón que terminaba en situaciones de violencia.

El quinto mandamiento dice que debemos honrar a nuestros padres. Muchas veces, luego de haberlos maltratado, intenté justificarme ante Dios recordándole todo el daño que ellos me habían ocasionado. Exigía que ellos se humillaran pero eso no iba a suceder porque era yo el que debía honrarlos.

Una tarde después de una fuerte discusión con mi papá, en la que lo llamé inútil y lo avergoncé de forma insolente, sentí una tristeza insoportable. Comencé a llora y le pedí a Dios que me perdonara y me ayudara a honrar a mis padres. Yo quería hacerlo, pero no podía, sentía cómo el orgullo, la falta de perdón y el reproche invadían mi corazón cada vez que estaba a solas con ellos. Pero Dios podía ayudarme a cambiar esa situación, transformando mi corazón de piedra por uno de carne, sensible, apto para amarlos y honrarlos por lo que son y no por lo que hacían.

Ese día Dios escuchó mi oración y me dijo: "Mati, no va a faltar oportunidad para que vuelvas a intentarlo, pero la respuesta a esta prueba está en seguir mis consejos. Tu obligación es honrarlos, sin pensar en lo que hayan hecho. Cuando aprendas a expresar tus sentimientos con respeto, aceptando la actitud de tus padres y honrándolos, habrás superado esta prueba, mientras tanto respetalos y guardá silencio".

Así como Dios lo había indicado, no pasaría mucho tiempo hasta que se generara un nuevo conflicto. Siempre era la misma discusión, comenzábamos con una diferencia hasta que todo subía de tono. Solo que esta vez tenía que ser diferente. Mi padre hizo lo de siempre, yo le marqué el error y luego se justificó. De inmediato el volcán comenzó a levantar calor, estaba al borde de la erupción, cuando salí corriendo a mi habitación, cerré la puerta y comencé a clamar a Dios; rogaba para que sujetara mi lengua, extirpara el veneno, limpiara mi mente y cambiara mi corazón. Mientras clamaba, podía sentir que estaba ganando la primera batalla.

Ese día dejé a mis padres hablando solos. Ellos querían seguir discutiendo, así que fueron a buscarme a la habitación para continuar con la discusión. Pero la puerta estaba cerrada. Esta no es una actitud que yo apruebe, pero considerando la situación, era lo mejor que podía pasar.

Hoy entiendo que aquella fue la primera victoria. Me costó mucho entender que si los honraba, ganaba yo. Durante mucho tiempo creí que debía tener la última palabra para demostrar que tenía razón y eso generaba una disputa que siempre terminaba de manera violenta. Hasta que comprendí este principio divino que recomiendo absolutamente. Viví muchas situaciones similares y cada vez que eso sucedía terminaba en el mismo lugar acudiendo a la misma persona. Era difícil para mí agradar a Dios honrando a mis padres, es por eso que entiendo a quienes sufren por la aparente injusticia de tener que honrar a quienes los lastiman.

Puedo decirte que Dios quiere ayudarte a honrarlos y a la vez decirles la verdad que nos hace libres. Solo que debemos aprender a conjugar la verdad con el respeto y decir lo que sentimos, sin dejar de honrar.

Otro de mis grandes objetivos era conseguir un trabajo de medio tiempo para generar algún ingreso y así poder seguir estudiando. Aunque supe cuidar el dinero de mis hermanos, necesitaba valerme por mí mismo y eso lo lograría generando mis propios recursos económicos. Nunca había trabajado en relación de dependencia y eso me producía cierta preocupación. Tenía miedo de reaccionar mal ante las órdenes de un desconocido, pero a la vez, eso era más fácil que vivir sin dinero.

Mi primer trabajo me lo ofreció un amigo que tenía un comercio de venta de gomas, correas, mangueras y todos los productos en ese material. Él necesitaba que organizara el depósito de mercadería y como a mí me gusta organizar, acepté la propuesta. El lugar era una casa de cuatro ambientes, estaba repleta de productos desordenados y amontonados. Los únicos habitantes del depósito eran una familia de gatos que habían marcado el territorio con su orina. Más que un trabajo parecía un castigo, tenía que convivir con la suciedad y los olores, pero puedo asegurar que era parte del proceso que necesitaba atravesar para seguir creciendo. Dios fue tan sabio y cuidadoso que mi primer trabajo en relación de dependencia fue con un amigo que me daba la libertad de organizar un depósito sin presionarme, solo me marcaba lo que necesitaba y después me arreglaba por mi cuenta hasta la hora de ir al colegio.

Durante el segundo año del secundario decidí esforzarme más en el estudio. Había mejorado sustancialmente, tenía mayor retención, atención, lectura, ortografía, caligrafía, redacción y además desarrollé una gimnasia de estudio que nunca antes había tenido. Debo agradecer a Dios por todos mis profesores, pero en especial por la profesora Callegari de Lengua y Literatura. Dios usó de una manera especial a esta profesora para formar mi carácter. A fin de ese año tras mi esfuerzo y buenas calificaciones, tuve el privilegio de recibir la bandera nacional de manos de los alumnos de tercer año que se graduaban y eso fue para mí un gran logro.

Toda mi familia estaba muy contenta por mi transformación, aunque aún aparecían las dudas, los miedos e inseguridades de que todo se desvaneciera y terminara siendo solo un buen recuerdo. Pero lo real es que estaba determinado a dejar mi vida pasada para iniciar una nueva, guiada por los consejos de Dios y siguiendo los pasos de Jesús.

Ese año le propuse a mi familia viajar a Mar del Plata a la casa de mi abuela y aprovechar los tres meses de vacaciones para trabajar y ahorrar dinero. Ellos estuvieron de acuerdo, así que viajamos con mi mamá, mientras mi papá quedó al cuidado de la casa.

Ni bien llegué a la Ciudad de Mar del Plata compré el periódico y mediante los anuncios conseguí trabajo como vendedor de bolsos en la playa. Trabajé todo el primer mes y obtuve una muy buena ganancia. Aquí también veo el cuidado de Dios ayudándome a desarrollar mayor confianza en lo laboral. En esa oportunidad trabajé con un señor que tenía experiencia y muy buen trato con los chicos de la calle, aunque yo no le ocasioné ningún problema.

Al siguiente mes me di cuenta de que podía ganar más dinero trabajando como mesero en un restaurante, considerando que la venta en la playa se interrumpía cada vez que llovía. Fue por eso que salí a buscar mi segundo empleo en la costa y en el primer intento obtuve un puesto de mesero, aun sin tener experiencia. Eso para mí era un milagro. La entrevista fue extraña, nunca antes había pasado por algo así, estaba muy nervioso y ansioso. Luego me presentaron al encargado de salón. Era un señor de setenta años quien me enseñaría lo más importante para atender una mesa: cómo caminar, sostener la bandeja, bajar los platos a la mesa y levantar el pedido. Fue un aprendizaje que me sirvió para toda la vida.

Ese trabajo me desafió muchísimo a desarrollar el carácter de Cristo. La primera dificultad era un compañero que no estaba contento conmigo y me lo hizo sentir desde el primer día. Le molestaba que no supiera el oficio, quizás también el hecho de que trabajara por temporada y como si no tuviese motivos para estar enojado, yo le sumé algunos más: siempre llegaba quince minutos antes de mi horario y me ponía a trabajar, él solía llegar media hora más tarde, por lo tanto los primeros cuarenta y cinco minutos trabajaba solo, adelantando gran parte del trabajo. Esto me fue poniendo en un lugar que no buscaba y que tampoco me ayudaba en cuanto a la relación con este compañero. El muchacho comenzó a manifestar su molestia y terminó por hacerme más difícil el trabajo, hasta que gracias a Dios decidió irse.

En ese trabajo me di cuenta de lo importante que era trabajar el fruto del Espíritu que menciona Dios en la Biblia (Gálatas 5.22-23). Aprendí que lo más importante en la vida es agradar a Dios y él se encarga del resto de las cosas.

REFLEXIONEMOS

¿Qué fue lo más que te costó dejar o incorporar en tu vida durante el proceso de restauración o recuperación?

....
....
....
....
....
....
....
....
....
....

¿Cuáles son aquellas cosas con las que aun sigues trabajando?

....
....
....
....
....
....
....
....
....
....

CAPÍTULO 24

Un encuentro más que especial

Pero Dios escogió lo insensato del mundo para avergonzar a los sabios, y escogió lo débil del mundo para avergonzar a los poderosos. También escogió Dios lo más bajo y despreciado, y lo que no es nada, para anular lo que es, a fin de que en su presencia nadie pueda jactarse.

1 CORINTIOS 1. 27- 29 NVI

Esas vacaciones fueron inolvidables, el hecho de haber podido trabajar y ahorrar dinero hizo que me sintiera útil. Solo me quedaban algunos días antes de regresar a mi casa para iniciar mi último año de estudio. Decidí quedarme una semana más en Mar del Plata sin trabajar para tomarme el descanso merecido.

Una mañana me levanté temprano para alistarme y salir rumbo a la playa. Fui al comedor y vi que mi mamá estaba tomando mates con mi abuela, disfrutaban y se reían. No sé por qué, pero esta situación no me hizo bien. Debería haberme dado felicidad, pero la realidad es que me puso triste. En ese momento se me fueron las ganas de salir y me quedé con ellas desayunando. Luego comenzaron a planear el almuerzo y una salida a la tarde. Mi mamá se puso a limpiar y acomodar un poco la casa, mientras que yo seguía triste.

Fue tal la tristeza, que necesitaba salir de ese lugar para que los demás no se sintieran afectados. Y así lo hice. Salí a caminar sin rumbo y en silencio unas cuantas cuadras, luego comencé a llorar y por fin le pedí a Dios que me sacara esa tristeza que tanto mal me hacía, pero nada pasó. Entonces puse en palabras lo que me pasaba y le dije a Dios que me molestaba ver a mi mamá tan bien, que esa era la mamá que yo quería todo el año, la que nunca debería haber cambiado, la que me cuidó de niño y un día se fue para nunca más regresar. ¿Por qué no hacía el milagro de sanidad sobre su vida y volvía a ser la de antes?

Mientras tanto, seguía caminando, pero ya no estaba solo porque Dios estaba atento a mis necesidades, y me condujo a la respuesta. Caminé al costado de una ruta hasta que encontré unas cuantas sillas acomodadas para una reunión al aire libre. No tardé en darme cuenta de que estaba organizado por alguna iglesia. A estos eventos se los conoce como campañas evangelísticas. Sentí que estaba donde debía estar. Sin dudarlo, me acerqué y me senté en una de las últimas sillas.

Cerré mis ojos y le pedí nuevamente a Dios que me quitara la tristeza y que respondiera a mi pregunta: ¿Por qué mi mamá no podía ser sanada de una vez? Comenzó la reunión. El maestro de ceremonia dio la bienvenida y luego dijo algo que abrió la expectativa de todos los que estábamos en ese lugar: "El Espíritu Santo de Dios me dice que hoy alguien vino para reconciliarse con Dios". Yo comencé a mirar a mi alrededor buscando identificar a esa persona, era como si estuviera juzgando por portación de rostro al culpable o si buscara a alguien llorando que se hiciera cargo, a lo sumo buscaba a uno que se levantara para irse de aquel lugar, pero nada de eso pasó.

Luego de algunas canciones, volvió a repetir las mismas palabras que ya comenzaban a incomodarme: "El Espíritu Santo de Dios me dice que hoy alguien vino para reconciliarse con Dios". Yo seguía buscando y hasta llegué a orar para que esa persona se animara a reconocer que necesitaba reconciliarse con Dios. Nadie se hacía cargo de la invitación y la reunión seguía adelante. Luego el predicador tomó lugar en la plataforma y nos invitó a leer un pasaje de la Biblia: "Y he aquí vino un leproso y se postró ante él, diciendo: Señor, si quieres, puedes limpiarme" (Mateo 8.2 RVR60). Luego hizo una reflexión breve pero profunda y sumamente necesaria para mi vida en ese momento. Habló de dos tipos de personas: los que quieren recibir la sanidad y los que no. Jesús está dispuesto a sanar, pero muchas personas no están dispuestas a ser sanadas. Quizás se acostumbraron a vivir enfermas, o la enfermedad les da algún tipo de beneficio.

Quedé algo abrumado. Era como si la tristeza siguiera aumentando. No podía aceptar la idea de que mi mamá no quisiese ser sanada. Pero Dios me sacó ese pensamiento y por medio del predicador me invitó una vez más: "El Espíritu Santo de Dios me dice que hoy alguien vino para reconciliarse con Dios". Era la tercera vez que lo decía y hasta ese momento yo no había sentido que fuera para mí, pero entonces comencé a escuchar en mi corazón una voz suave y sensible que me decía: «Es a vos a quien llamo, con quien deseo hablar». Mi corazón comenzó a latir a mil por segundo, no pude hacer otra cosa que ir hasta el lugar donde se encontraba el predicador y pararme justo frente a él en respuesta a su invitación. Luego bajó de la plataforma y poniendo su mano en mi corazón comenzó a decir: "Dios te dice: hoy es el día que escogí para reconciliarme con vos, quiero que sepas que te perdono por todo lo que pasó, por haberte alejado de mí negando mis consejos. No solo limpio tu vida de pecado, sino que me olvido de todo lo que pasó y te invito nuevamente a seguirme. Ungiendo tu vida con aceite te envío a las naciones para que en mi nombre hables y cuentes las maravillas que hice y seguiré haciendo en tu vida y la de tu familia. Mi presencia está sobre vos y a través tuyo mostraré lo que puedo hacer con la vida de quien acepta mi voluntad.

Desde hoy derramaré sobre vos vida y bendición hasta que sobreabunde y muchos te seguirán porque yo estoy con vos".

No podía parar de llorar. Era como si mi alma se estuviese lavando, la palabra de Dios que había sido dada estaba atravesando mi espíritu y me estaba lavando, reemplazando todo lo que había sido escrito en mi expediente. Fue un instante en el que mis antecedentes desaparecieron por obra y gracia de Dios. No podía dejar de llorar porque sabía que lo que este hombre estaba diciendo solo podía provenir de Dios, ya que nunca antes nos habíamos visto, estaba a cientos de kilómetros de donde yo vivía y no había nadie ahí que le pudiese contar quién era, y mucho menos lo que había hecho. Solo puedo decir que la persona que me conoce más que nadie en el mundo, el Soberano, Sublime y Todopoderoso había decidido visitar aquel lugar en respuesta a la necesidad de un ser tan pequeño e insignificante para muchos, aunque grande y valioso para Dios.

Cuando el predicador dejó de hablar en nombre de Dios, se retiró. Yo quedé solo con Dios y comencé a agradecerle por su infinito amor, por su perdón y misericordia. Por la paciencia admirable que había tenido al verme caminar errante y aun así cuidarme de la muerte y el castigo eterno. Gracias por esperarme, por nunca dejar de hablarme y por ser tan cuidadoso y claro a la hora de hacerlo.

Recuerdo, y lo recordaré por el resto de mi vida, que esa noche le hice un último pedido, le rogué que me diera la total seguridad de que había sido Dios quien pronunció aquellas hermosas palabras y que no había sido el corazón de un buen hombre hablando en nombre de Dios. Yo solo quería confiar en él. No terminé de decirle esto con lágrimas que salían de lo más profundo de mi corazón, cuando el predicador subió a la plataforma y tomando su guitarra comenzó a entonar una canción, pero no cualquier canción, sino la que mi mamá me cantaba cuando yo era apenas un bebe, esa canción que Dios usó para sanarme y librarme de la muerte cuando tenía meses de vida, la canción con la que aprendí a hablar, con la que aprendí a cantar, con la que aprendí a adorar a Dios y reconocer su existencia y supremacía. Esta canción:

> Dios está aquí,
> tan cierto como el aire que respiro,
> tan cierto como en la mañana se levanta el sol,
> tan cierto como que le hablo y Él me puede oír.

No podía articular movimientos ni palabras para agradecer y expresar toda la felicidad y gozo que estaba experimentando en ese momento. Fui estremecido por su amor y soberanía. Imaginate que Dios podría haber elegido mil formas para confirmar ese momento, pero en su sabiduría lo hizo de una manera que no quedarían dudas de que había sido él quien eligió ese día y lugar para hablar conmigo y decirme todo lo que sucedería en mi vida desde ese día en adelante.

Este fue el encuentro más maravilloso que tuve jamás y quiero animarte a que creas en que Dios quiere encontrarse con vos también. Sé que lo encontrarás y ese momento será tan especial que tu vida, como la mía, nunca más volverá a ser igual.

REFLEXIONEMOS

Si tuviste un encuentro con Jesús
¿Puedes narrarlo en un párrafo?

....
....
....
....
....
....
....
....
....

¿Qué es lo que no te quieres olvidar de este capitulo?

....
....
....
....
....
....
....
....
....
....
....
....

CAPÍTULO 25

La aventura recién empieza

*Clama a mí, y yo te responderé, y
te enseñaré cosas grandes y ocultas
que tú no conoces.*

JEREMÍAS 33.3 RVR60

E l dicho popular dice que "lo bueno dura poco", pero no aplica cuando se trata de Dios. Después de aquella experiencia sobrenatural, comencé a vivir una vida constantemente acompañada. Sabía que no sería fácil. La realidad que estaba atravesando requería de mucho esfuerzo, compromiso y determinación.

En Buenos Aires me esperaba la primera prueba de fuego. No tuve ni un minuto de descanso, abrí la puerta de casa y comencé a sentir un olor fuerte, como a suciedad o comida en mal estado. Mi papá había quedado al cuidado de la casa, así que comencé a prepararme para el reclamo. Lo busqué en los primeros ambientes y no estaba. Lo encontré en su habitación, acostado en su cama tapado hasta el cuello, con la barba crecida y desprolija, sucio y muy delgado.

Era evidente que en esos tres meses se había sumergido en una profunda depresión. No se había alimentado, ni higienizado como corresponde. Volví a sentir un dolor profundo en mi corazón y me asaltaron muchas preguntas. Salí corriendo a mi habitación. Llorando comencé a preguntarle a Dios: ¿Por qué permitís esto? ¿Sabés lo mal que me hace ver a mis padres así? No entiendo qué estás buscando con estas situaciones. ¿Qué es lo que querés que haga?

Estas preguntas y otras más brotaban de mi corazón. Dios respondió lo que no esperaba escuchar: "Mati, hoy es tu oportunidad de demostrarme cuánto me amás haciendo lo correcto con tu padre. Así que si querés hacer mi voluntad, andá, levantalo, afeitalo, ayudalo a bañarse, buscale ropa limpia para que se cambie, limpiá su habitación, perfumala, cambiale las sábanas, preparale la comida y demostrale el profundo amor que solo proviene de mí".

En ese momento no tenía fuerzas para hacer semejante sacrificio, me estaba pidiendo lo más difícil, antes podía barrer una calle de tierra hasta dejarla sin polvo, pero ayudar a mi padre a recuperarse de aquel estado sin dejar de respetarlo y amarlo era una prueba demasiado difícil. Recuerdo que mientras seguía en el piso llorando y rogándole a Dios que me diera fuerza de voluntad para obedecer, escuché una canción de Lilly Goodman que sonaba en la radio, por medio de la cual Dios me explicó lo que estaba sucediendo en ese momento:

Sí, lo sé,
A veces hay que ser golpeado para poder crecer,
Y alcanzar un poco más de madurez,
Porque no habría forma de saber manejar lo que vendrá,
Y aunque el dolor en esos tiempos puede ser tan cruel,
Pero Dios no nos dejará permanecer,
Allá más tiempo del que podamos soportar.

Toda la canción me ayudó a entender que eso era lo que había que hacer: asumir el compromiso de ser hijo de Dios y hacer su voluntad. Me sequé las lágrimas, respiré profundo y fui a la habitación de mi padre y con mucho amor le dije: "Pa, vamos a levantarnos, dale que te voy a ayudar". Lo acompañé hasta el baño y le di la máquina para que se afeitara. Cuando vi que no tenía fuerzas ni pulso para enjabonarse la cara, sentí que debía continuar yo. Le pedí el jabón y comencé a enjabonar su rostro, mientras sentía cómo en mi corazón se hacía un nudo con dos cuerdas muy fuertes: amor y odio. El amor era lo que Dios me estaba dando para ayudar a mi papá a recuperarse y el odio era todo aquello que de alguna manera se había enquistado en mi corazón.

Cuando comencé a pasar la afeitadora muy suavemente por su cara, pude ver que la tarea duraría unos cuantos minutos. Se hicieron una eternidad. Hasta que volví a escuchar una dulce y suave voz que me dijo: "Esto mismo que estás haciendo por tu papá es lo que yo hice por vos, te ayudé a levantarte, te limpié, te sané, te di nuevas ropas, te alimenté y perfumé tu vida".

A medida que Dios me iba hablando, el nudo en mi corazón comenzó a aflojarse y el odio hacia mi padre fue desapareciendo. Entonces sentí la necesidad de perdonarlo, como Dios lo había hecho conmigo.

Mientras lo afeitaba y lo limpiaba, mis manos comenzaron a acariciar su rostro con otro sentimiento, ya no era bronca, enojo ni reproche, ahora eran amor y compasión. Él se dio cuenta de que algo estaba pasando y poco a poco pudo cambiar su estado de ánimo. Mientras se bañaba preparé algo rápido para que comiéramos y después me puse a limpiar y ordenar la casa. Tiré mucha basura, limpié los pisos, acomodé las habitaciones y perfumé toda la casa. Mientras tanto Dios seguía hablándome: "Esto mismo es lo que hice con tu vida: la ordené, la limpié, tiré lo que ya no servía y la perfumé para que fuera un lugar habitable y hoy puedo disfrutar de estar con vos en tu corazón".

No puedo explicar las veces que Dios me habló por medio de situaciones como esta. Todo el tiempo me daba lecciones magistrales y todo está en mi corazón adornando mi vida y decorando el lugar donde Jesús reina.

Desde ese día, la relación con mi papá cambió positivamente y fue creciendo. Ya no había reproches ni enojos de mi parte, todo lo contrario, era yo quien lo animaba y ayudaba a que encontrara una motivación para vivir. Pero él aún no quería abandonar su orgullo y rendir su vida a los pies de Jesús.

El año había comenzado de la mejor forma y sabía que Dios seguiría sorprendiéndome, aunque como ya dije no iba a ser sencillo. Recuerdo que a poco de iniciadas las clases se me había acabado lo ahorrado con el trabajo en la costa y eso me generaba dificultades para estudiar. Comencé a preocuparme cada vez más porque no lograba conseguir un trabajo con horarios compatibles con mi estudio, hasta que decidí hablar con Dios. Entonces le dije: "Yo no quiero abandonar el colegio, pero realmente no puedo seguir así, necesito un trabajo para solventar mis gastos y si no lo consigo, tendré que interrumpir el estudio para buscar un trabajo a tiempo completo. Te pido que me ayudes a encontrar un empleo que me permita estudiar".

En esa oración no solo había necesidad y determinación, había fe. Dios podía hacer que ese trabajo apareciera. Y así fue. Al día siguiente me recomendaron con un artesano, quien fabricaba estuches para instrumentos musicales. Lo increíble de esta propuesta laboral es que este señor, a quien luego Dios usó para la formación de mi carácter, me contrató sin que yo tuviese un mínimo de conocimiento en el manejo de las herramientas básicas. Pero lo que sí encontró en mí fue mucha voluntad, respeto, disposición, diligencia y sujeción.

Este trabajo puso a prueba mi capacidad de esfuerzo y mi responsabilidad como nunca antes. El local quedaba a cincuenta kilómetros de mi casa y como entraba muy temprano, decidí ir a vivir con mi hermana Celeste cuya casa estaba cerca del taller. Como estaba cursando mi último año del secundario preferí no cambiarme de colegio. Eso significó un gran esfuerzo ya que me obligaba a viajar mucho. Desde entonces me mudé al Bajo Flores y de esta manera dejé mi casa para subir un escalón más en mi vida. Todos en la familia estaba felices, pero era inevitable que pensaran que podía terminar nuevamente en las drogas. El proceso de creer en mi recuperación fue muy duro para todos.

Ahora debía sostener la decisión de trabajar y estudiar. Eso me obligaba a levantarme a las siete de la mañana para ir en bicicleta desde el Bajo Flores hasta mi trabajo en La Paternal. Luego de trabajar desde las ocho hasta las cinco de la tarde, tenía que viajar una hora en tren hasta Merlo, donde estaba el colegio en el que terminaría mis estudios. Salía a las diez y media de la noche y viajaba una hora en tren de regreso a Flores, luego hacía en bicicleta dos kilómetros más hasta llegar a casa.

Lo destaco en detalle porque fue el primer gran esfuerzo que hice luego de haber vivido una adolescencia de ocio y consumo de drogas. Llegar a esa actividad fue pura garra y corazón por creer que Dios estaba conmigo para ayudarme.

REFLEXIONEMOS

Luego de leer este capítulo ¿Cómo describirías la relación que tienes con tus padres?

....
....
....
....
....
....
....
....
....
....

¿En qué aspectos de la relación crees que debes mejorar?

....
....
....
....
....
....
....
....
....
....
....
....

CAPÍTULO 26

Mucho más que estudiar

Llevad mi yugo sobre vosotros, y aprended de mí, que soy manso y humilde de corazón; y hallaréis descanso para vuestras almas

MATEO 11.29 RVR60

El último año de estudio fue muy exigido, no solo por el trabajo y el viaje que tenía que hacer para llegar, sino por el compromiso que había asumido con el estudio y el deseo de recibirme con buenas calificaciones. Recuerdo que hacía malabares en el tren para estudiar mientras iba en el vagón para bicicletas, o apretado por la cantidad de pasajeros, tratando de leer los apuntes que debía aprender.

La mayoría de los directivos, preceptores y profesores estaban al tanto de mi situación y conocían los esfuerzos que hacía para terminar el año en ese colegio. Mis compañeros admiraban mi fuerza de voluntad y se ofrecían permanentemente para ayudarme, ya fuera con trabajos o tareas. Recuerdo esto con mucha alegría, pero hay algo que marcó mi vida como estudiante y fue que este último año otra vez volví a tener a la profesora Callegari. Era la pesadilla de todos en el curso y cuando nos enteramos de que la teníamos nuevamente, yo fui el único que se puso contento. Sabía que ella me ayudaría a hacer mi mejor esfuerzo y así superar el desafío personal de seguir aprendiendo.

Había tenido que pedir a la dirección del colegio que me autorizaran una demora de treinta minutos al ingreso de todos los días, porque aunque salía rápido del trabajo, por la distancia era imposible llegar a horario. Todos entendieron mi situación a excepción de la profesora Callegari, quien no estaba de acuerdo con mi demora. Con la personalidad que la caracterizaba, me informó delante de todo el curso que ella no me aprobaría la materia por más que los exámenes y trabajos estuvieran eximidos, ya que para ella mis demoras me hacían un alumno irregular. Pese a mi disconformidad, callé y con mucho respeto y tranquilidad acepté su decisión. Mientras tanto, me desafié en silencio a superar esa situación poco agradable, asumiendo el mayor de los compromisos.

Los que no lo tomaron tan bien fueron mis compañeros, quienes sintieron que era una actitud perversa de su parte, y se organizaron para reclamar y discutir el tema con las autoridades. El caso es que yo estaba sujeto a su decisión, entendiendo que era la autoridad del aula y debía aceptarla. Intenté explicarles que estudiaría de igual manera, buscando aprobar y, si me reprobaba, la recuperaría en la fecha correspondiente, pero poco entendieron mis razones y continuaron con el reclamo, que solo me traía mayores problemas.

Mis compañeros fueron abandonando la materia, llegó un momento en que solo la cursábamos cinco alumnos; el resto dormía, escuchaba música, se burlaba o hablaba de cualquier otro tema. La profesora no se hacía mucho problema ya que ella sabía que a fin de año cada uno tendría su justa calificación y, como era el último año, muchos no recibirían el certificado de estudio secundario completo. Siempre decía con palabras o gestos que los que se perjudicaban eran ellos.

Mientras que en el resto de mis compañeros crecía el enojo, la irritación y el menosprecio, en mí sucedía todo lo contrario. El compromiso que tenía por lo que hacía, la perseverancia de seguir firme más allá de lo que los demás hicieran o dijeran despertaba en mí mayor admiración, esperanza y amor por ella.

Este sentimiento me generaba un deseo profundo de conocer más de cerca a la profesora Callegari. El problema es que no estaba bien visto admirar a la persona que reprobaría al resto de mis compañeros. Pero busqué formas estratégicas de acercarme a ella, aunque en todos los intentos fui rechazado. Era como si estuviese enojada conmigo por mis inevitables llegadas tarde y aun así siempre le demostré mi respeto y perseverancia.

La profesora mantenía un grado de exigencia tal, que todos los años cumplía con el programa educativo de pie a cabeza. Entre los numerosos textos, libros y poesías, nos dio para leer la novela de Rodolfo Walsh "Operación Masacre", donde el autor pone al descubierto la trama oculta de lo sucedido en los llamados «fusilamientos de José León Suárez». Esta lectura me movilizó tanto que no pude dejar de compartirla con todos lo que me rodeaban y una de esas personas fue mi mamá. El día que le hablé del libro, para sorpresa mía, ella ya conocía la historia. Al principio no le creí, pensé que se estaba mandando la parte, hasta que me dijo que nunca lo había leído, sino que cuando tenía ocho años hubo una masacre en un campo cerca de su casa y entre los asesinados había vecinos de su barrio. Comencé a preguntarle acerca de la historia y mi mamá, con su poca memoria y sin mi ayuda, mencionó algunos nombres que eran los personajes principales del libro de Walsh. Quedé anonadado y desde ese día comenzamos a charlar con más frecuencia acerca del genocidio, y abordamos el tema de su detención ilegal durante la dictadura del año 1976.

Cuando regresé al colegio, fascinado por la historia y la novedosa coincidencia, le conté a mi profesora que mi mamá había sido vecina de víctimas de la masacre, ya que vivía en ese mismo barrio. La profesora Callegari se asombró igual que lo había hecho yo y comenzamos esa tan esperada conversación, informal pero profundamente significativa. Pronto encontré espacios para preguntarle acerca de su vida y cómo había llegado a ser profesora. Cómoda con la conversación, me contó que de pequeña había sido formada en una escuela de monjas, donde sus padres la dejaron por no poder cuidar de ella. Cuando alcanzó la mayoría de edad comenzó la carrera de Lengua y Literatura hasta que conoció a su marido con el cual tuvo dos hijos varones. Interrumpió su ejercicio docente para cuidar de ellos y, una vez criados, retomó la docencia y así es que estaba con sus setenta años trabajando para llegar a la jubilación.

Aquel día, tras esa conversación tan relevante, amé más que nunca a mi profesora y me entristecí mucho al entender su necesidad laboral. Por esta causa, tenía que soportar que unos adolescentes poco respetuosos le hicieran pasar un mal momento en sus últimos años de docencia. Me gustaría con esto animarte a descubrir la historia detrás de aquellas personas que se muestran difíciles de tratar.

Al finalizar el año, pese a que mis notas habían sido las necesarias para aprobar, la profesora cumplió con su palabra y me reprobó, por lo cual tuve que rendir en diciembre. Aun así, le pedí de todo corazón que me hiciera entrega del título secundario. Agradecida por semejante pedido, se disculpó por no poder estar, explicando que no soportaría presenciar ese momento en el que tantos jóvenes recibirían su diploma cuando durante el año se mostraron irrespetuosos y desinteresados por el aprendizaje. Comprendí las razones de su descontento y le dije que si por alguna razón decidía ir, que yo anhelaba que fuera ella quien me entregara el diploma, pero nuevamente su respuesta fue negativa.

Como aún tenía mucha necesidad de expresarle mi admiración y gratitud, le escribí una carta contándole sucintamente mi historia de resiliencia y expresándole lo importante que ella había sido para mi formación estudiantil. Luego de que aprobé el examen en el recuperatorio de diciembre, le entregué la carta que escribí a corazón abierto.

Ya listo para graduarme con el honor de escoltar la bandera nacional, privilegio que obtuve como resultado de mi esfuerzo y la ayuda de Dios, me dirigí al teatro de Merlo donde se haría la ceremonia y, para sorpresa mía, me estaba esperando la profesora Callegari para entregarme una carta en respuesta a la mía y regalarme un libro. La carta decía muchas cosas, pero lo que más me conmovió fueron sus disculpas por haber sido tan dura conmigo, ya que no sabía que mi demora era por trabajar para seguir estudiando. Pensó que era un capricho mío de querer trabajar para tener dinero y no una necesidad real. También me felicitó por el proyecto de vida que estaba realizando y me regaló el libro "El Proyecto de Jesús", me lo dedicó y confirmó que debía seguir sus pisadas. Gracias, Dios por la vida de esta profesora, te pido que haya más docentes como ella y que guardes sus vidas.

REFLEXIONEMOS

¿Cuáles consideras que han sido debilidades en tu vida que has tenido que trabajar?

....
....
....
....
....
....
....
....
....
....

¿Relata cómo has logrado revertir alguna de esas debilidades?

....
....
....
....
....
....
....
....
....
....
....

CAPÍTULO 27

Una nueva vida

De modo que si alguno está en Cristo, nueva criatura es; las cosas viejas pasaron; he aquí, todas son hechas nuevas

2 CORINTIOS 5.17 RVR60

Realmente todo lo que estaba sucediendo en mi vida era imposible de imaginar, solo tres años atrás peleaba con la vida, envuelto en drogas, atrapado por el robo, caminando sobre heridas y muriendo en silencio. Ahora podía ver el futuro con los ojos bien abiertos. Mi esperanza no estaba puesta en mis fuerzas, ni en mis capacidades, era bien consciente de que si había llegado hasta ahí, era porque la gracia y la misericordia de Dios me guiaron paso a paso.

Ya había terminado el colegio y ahora era el turno de una carrera universitaria o terciaria y desarrollar una profesión. Esto despertó en mí una crisis que no fue fácil resolver. En mi corazón aún había una fuerte pasión por el fútbol y por un momento creí que si estudiaba una carrera relacionada con el deporte, podría llegar a subsanar mi dolor. Es por eso que pensé que el Profesorado de Educación Física sería una muy buena opción. Pero afortunadamente no tardé mucho en darme cuenta de que a mí lo que en realidad me gustaba era jugar al fútbol y no tanto enseñar a jugar.

Pasé mucho tiempo hurgando dentro de mí qué me gustaba hacer, sabía que había algo que tenía que salir afuera, pero me costaba mucho identificar qué era. En esta búsqueda le dije a Dios que quería conocer su voluntad, entender cuál era el plan para mi vida. Tan grande fue mi deseo de conocer más a

Dios que le pregunté a mi Pastor, Carlos Ligotti, dónde podía estudiar la Biblia. Siguiendo su recomendación me acerqué al Seminario Bíblico de Fe de Milton Pope, donde comencé a estudiar Teología.

En el Seminario no solo conocí más a Dios, sino que aprendí a ser alguien para Dios, me enseñaron a compartir tiempo en silencio, en diálogos, en risas, en llantos, a reconocerlo en todos mis caminos y un sinfín de enseñanzas más, las cuales ahora hacen a mi persona. Pero aunque el Seminario era fundamental para mi vida espiritual, yo sentía que debía estudiar una carrera y crecer en una profesión. Esto me angustiaba ya que me resultaba difícil decidir. Comencé a pedirle a Dios que me ayudara y le pregunté en qué podía ser útil, ya que durante tanto tiempo había puesto mis dones y talentos en inutilidades. Y Dios no demoró en contestar mi pregunta: "Sé que te hubiese gustado ser jugador de fútbol y que pasaron muchas cosas por las cuales no pudiste cumplir tu sueño. Pero mi sueño aún puede cumplirse y es que todas las personas reciban mi perdón, aceptando que Jesús es mi hijo amado. Deseo ver a más niños jugando en las veredas, aprendiendo en las escuelas, corriendo tras sus sueños, creciendo y formando sus familias. No quiero verlos muriendo en las calles por las drogas y la violencia del día a día. Quiero regalarles vida por medio del sacrificio de mi hijo Jesús". Rápidamente entendí que Dios me estaba invitando a ser parte del cumplimiento de su sueño, que yo podía trabajar para su Misión, solo debía poner mis dones y talentos al servicio de esta gran visión que me estaba mostrando, siguiendo las pisadas del Maestro y cumpliendo el propósito para el cual Dios decidió que yo esté en la tierra.

Miré a mi alrededor y vi que había cientos de miles de personas muertas en sus sueños, tapadas por el fracaso, envueltas en violencia y me pregunté cómo podría ayudarlos. Y me di cuenta de que había algo que conocía bien: era el mundo de las drogas, la calle, la locura y la violencia. Desde entonces comencé a buscar la forma correcta de ayudar, así que insistí en capacitarme para sumar conocimiento a mi experiencia. Así fue que comencé en la Universidad del Salvador la carrera de Técnico en Drogadependencia, en la que se forman operadores socioterapéuticos, acompañantes terapéuticos y preventores en adicciones.

Durante este tiempo decidí buscar un nuevo trabajo, porque necesitaba ganar más dinero para pagar mis estudios y cubrir los gastos básicos para vivir. Temía no encontrar nada, pero era necesario buscar, así que comencé a entregar hojas de vida y poco tiempo más tarde conseguí un empleo nocturno en una empresa de salud. Trabajaba de 10 de la noche a 7 de la mañana, recuerdo que salía después de toda una noche de actividad y me iba a estudiar ya fuera al Seminario, al cual asistía dos veces a la semana o a la Universidad donde cursaba un día de forma intensiva. Tuve que acostumbrarme a dormir poco y durante el día. Mis semanas eran muy extrañas, pero me encantaba todo lo que hacía. En el trabajo tenía una excelente relación con mis compañeros, quienes sabían de dónde había salido, porque yo me encargaba de contarles, ya que soy un eterno agradecido de las nuevas oportunidades que alcancé con la ayuda de Dios.

Desde entonces muchas personas comenzaron a hacerme preguntas sobre las adicciones, sobre Dios y cómo había logrado salir de ese mundo. En aquel momento no podía responder a las preguntas sin hablar de mi experiencia personal, ya que aún no contaba con argumentos teóricos en los cuales apoyarme, pero nunca me acobardé ante las oportunidades.

Con esto quiero animarte a que te prepares para ayudar a otros y sepas identificar hasta dónde estás capacitado. Hay cosas que no sabremos y no está mal que lo reconozcamos, al contrario, eso nos hace sabios. Ya habrá tiempo para averiguar aquellas cosas que no están dentro de nuestro conocimiento.

Este fue el tiempo en el que más investigué la Biblia, los libros, el diccionario y desarrollé el arte de la pregunta. Era una esponja incansable, pero a su vez iba por la vida sirviéndoles agua a los sedientos. Viví cientos de experiencias hermosas mediante las cuales Dios me permitía ayudar a otras personas.

La iglesia no solo fue el lugar en el que me restauré y reconcilié con Dios, sino que también fue mi primera escuela de servicio, lugar por el que les estaré eternamente agradecido a Dios, a los pastores Carlos Ligotti y Stella Maris Vitelli, a los compañeros de trabajo, a los hermanos en la fe y al Barrio Samoré del Partido de Merlo. En ese lugar Dios formó mi carácter como hijo, como hermano, como discípulo, servidor, oveja y pastor. Allí puse en práctica mucho de lo que aprendí y lo recuerdo como mi escuela de servicio.

Allí también aprendí que la casa de Dios es nuestro propio corazón, donde Dios quiere habitar y que, en compañía de otras personas que practican la misma fe en Jesús, es como se construye la iglesia. Así caminamos siguiendo las pisadas del Maestro.

Desde que busqué el consejo de Dios mediante la Biblia encontré respuestas a mis preguntas, sanidad a mis enfermedades primeramente del alma y también del cuerpo. Allí conocí el verdadero significado de la vida, de la fe, la esperanza y el amor. Allí encontré la contención que muchas veces no hallé en mi casa, donde fui abrigado con el fuego del hogar más dulce que hay en el corazón de Dios, donde viví el verdadero significado de la amistad, cuando conocí a Jesús quien puso su vida por mí, por quien tengo salvación. Él es nuestra única salida.

Si supieras qué médico sana mi enfermedad, seguro me llevarías con él. Si conocieras al abogado que gana mi juicio o al mejor arquitecto para construir mi casa, no dudarías en presentármelo. Así que considerando todo esto quiero decirte que conozco a quien puede ayudarte a resolver todos tus problemas, se llama Jesús.

El día que acepté la ayuda de Jesús, me invitó a conocer su vestuario y me habló de sus diferentes oficios. Sacó su túnica blanca y me dijo: «Yo seré tu pastor». Luego tomó su traje y su corbata y me dijo: «Seré tu abogado». Después me mostró un delantal blanco y con una sonrisa me dijo: «Seré tu médico». Sacó un cuaderno y un lápiz y me dijo: «Yo soy tu maestro». Trajo su escuadra y me dijo: «Yo soy tu arquitecto», pero lo que más me deslumbró fue cuando desenvainó su espada y me dijo: «Yo soy tu libertador, yo entregué todo para que vos puedas vivir en libertad».

Para ser libres solo debemos creer que Jesús lo hizo todo, que vino al mundo para morir en una cruz cargando nuestras culpas y pecados. Que al tercer día después de muerto fue resucitado por el poder de Dios, ahora podemos vivir en la libertad con la que Jesús nos hizo libres. Vivamos conforme a la nueva vida que Jesús nos ofrece y sigamos sus pisadas, su camino, su verdad y, mientras esperamos la vida eterna que él nos promete, sigamos animando a otros a creer en aquel que hace todas las cosas nuevas.

REFLEXIONEMOS

¿Cuáles fueron esos sueños u objetivos
que en algún momento dejaste de perseguir?

....
....
....
....
....
....
....
....
....
....

¿Qué estás haciendo hoy y que te
gustaría llegar hacer en un mañana?

....
....
....
....
....
....
....
....
....
....

CAPÍTULO 28

Dios me da más de lo que imaginé

Mas buscad primeramente el reino de Dios y su justicia, y todas estas cosas os serán añadidas.

MATEO 6.33 RVR60

Durante el transcurso de mi nueva vida, el Espíritu Santo de Dios conversaba conmigo de mi nueva condición, ya que con frecuencia me invadían pensamientos de culpa, que me acusaban por todo lo que había hecho en mi vieja vida. Pero él con su infinita paciencia me repetía una y otra vez que yo había sido perdonado y que se habían borrado mis rebeliones. Eso es algo que nos cuesta mucho aceptar a los que tuvimos un pasado oscuro. Por lo general escuchamos más a nuestra mente que nos condena, que a Dios que nos libera.

En medio de este aprendizaje Dios me sugirió que pensara cómo quería que fuera la persona con quien compartiría el resto de mi vida. En aquel momento no estaba pensando en el noviazgo, solo quería recuperar el tiempo perdido y entendía que la mejor forma de hacerlo era estudiando, trabajando y buscando el consejo de Dios para cada área de mi vida.

Pero él conoce los corazones y escudriña las mentes, y sabía que en mí había un profundo deseo de formar una familia, la familia que habría deseado tener. Así que insistió en que pensara cómo quería que fuera la mujer con la que compartiría el resto de mi vida. En obediencia al consejo de Dios escribí una nota en la que abrí mi corazón y puse: "Deseo que tenga las mismas convicciones que yo en cuanto al poder de Dios sobre la humanidad y que lo ame más que a nada en el mundo. Que sea obediente a sus padres, buena hija y hermana. Ordenada, limpia, estudiosa, trabajadora, responsable, amiga, compañera, simpática, servicial, sensible, amorosa, cariñosa, solidaria y divertida, audaz, emprendedora y arriesgada".

Día tras día Dios afirmaba mi autoestima e identidad en Jesús. Con el tiempo resignificó áreas de mi vida que habían sido afectadas, aceptando que ahora era su hijo, con los mismos derechos y obligaciones que cualquiera de su familia. Así terminé por describir a la mujer con la que siempre había soñado. Lo hacía con la seguridad de que Dios la prepararía tal cual como la imaginaba para estar a mi lado por el resto de mi vida.

Oraba por su entrada y su salida, por su familia, por sus estudios y su trabajo si es que tenía. Le pedía a Dios por sus sueños y proyectos, por su carácter y personalidad. Rogaba que la alejara del peligro y de cualquier joven que intentara seducirla. Deseaba que moldeara su interior al igual que el mío para que aceptáramos nuestras diferencias y así nos complementáramos. Así lo hice durante todo un año sin distracciones ni testigos más que mi confidente Jesús.

Hasta que Dios, con su forma tan sutil de comunicarse, comenzó a mostrarme en una chica aquellas características, virtudes y cualidades que yo le había pedido desde lo más profundo de mi corazón. Esas insinuaciones que Dios me hacía cada vez que la veía las llevo guardadas en mi mente y en mi corazón. Cada vez se hacían más frecuentes, eran pequeñas cosas, pero precisas y de gran valor. Me enseñaba a través de ella a servir a los demás, a respetar a los mayores, valorar al prójimo, aprender de los niños, honrar a los padres y por sobre todas las cosas a amar a Dios más que a nada en el mundo.

Confundido por mis sentimientos, hablé con Dios y le dije que si lo que estaba sintiendo no era de su agrado, que lo hiciera desaparecer. Sentía un gran peso porque esta persona era más que una adolescente cristiana, quien se había guardado bajo el consejo de Dios, a quien sus padres le enseñaron a amar como Jesús ama. Ella no solo era cinco años menor que yo, sino que el mayor problema que se presentaba en esta apasionante historia, es que era la hija de mi pastor. Sí, era casi un suicidio, pero mi corazón se había enamorado y Dios sonreía.

Recuerdo que todo esto me angustiaba mucho, pensaba que con mis sentimientos le podía ser desleal a la familia pastoral, y que una vez más me estaba por meter en problemas. Solo que esta vez Dios estaba conmigo. Él calmó mis dudas diciendo que iría delante de mí para abrir el camino, siempre que yo obedeciera sus consejos. Me advirtió que no permitiría que nadie se opusiera a su voluntad y que estaría conmigo donde sea que fuera. Esto y solo esto fue lo que me hizo seguir adelante.

Una mañana le pedí a Dios en oración que me diera seguridad y confirmara lo que estaba sintiendo por esta adolescente llamada Abigail. Buscando fortalecer mi fe en la Palabra de Dios encontré en 1 de Samuel 25 una historia que nunca antes había leído, casi me desmayé al encontrar su nombre en el título "David y Abigail". Nunca hubiera llegado solo a esa historia, fue Dios quien intencionalmente me llevó a leerla para dar inicio al fundamento de este amor. Lo más significativo de esta «Diosidencia» para mi vida no eran los nombres, sino el carácter de los personajes. A menudo Dios me hablaba a través de la vida de David, pero en esa oportunidad lo estaba haciendo de un modo muy especial.

Apenas salí del asombro, comencé a leer la historia. La devoré. Luego volví a leerla y así hasta estar seguro de que había entendido todo lo que ella me quiso enseñar. Noté que la Abigail de David era muy parecida a la Abigail de mis oraciones. Su prudencia, solidaridad, benevolencia y amor por Dios y por los suyos confirmaron que me estaba enamorando de la mujer correcta, la que Dios había puesto en mi corazón antes de que yo lo supiera.

Desde aquel día supe que Dios escucha nuestras oraciones y nuestro corazón, que afirma nuestros sentimientos y acompaña el proceso de construcción para que alcancemos nuestros sueños. Está hasta en los más pequeños detalles, haciendo de un momento insignificante, algo maravillosamente inolvidable.

Fue difícil avanzar en mis sentimientos. Desde aquel día lo único que hice fue apoyarme en esta palabra y orar por ella como lo venía haciendo, solo que ahora ante cada duda o pronósticos negativos que aparecían, yo declaraba esta palabra y recobraba las fuerzas en mi fe. Después de haber orado por Abigail durante dos años y medio sin que nadie más que Dios supiese de mis sentimientos, tuve muchos deseos de hablarlo con ella, de confesarle mi amor. Pero no quería cambiar las condiciones de esta hermosa aventura, así que no avancé hasta que Dios me mostrara si era el tiempo de hablar con ella y me anclé en oración esperando su aprobación.

Fue una semana de intensa oración y ansiedad. Abi y yo compartíamos varias actividades de la iglesia, por lo tanto hablábamos mucho y podía aprovechar esa comunicación para confesarle mi amor, pero el problema no era cómo, sino cuándo.

Una noche estaba trabajando en la empresa de emergencia y me informaron que habían incorporado a un nuevo médico, de quien se rumoreaba que era pastor. Cuando me enteré me puse ansioso por conocerlo y compartir un tiempo con él. Unas noches después se produjo el encuentro y rápidamente lo invité a tomar unos mates para hablar. Él aceptó e iniciamos una conversación profunda. En verdad se transformó en un monólogo porque no paró de contarme acerca de su trabajo pastoral en una unidad penitenciaria de la Ciudad de Marcos Paz, también me habló de su iglesia local y de cómo había llegado a ser médico y pastor. En medio de su relato Dios lo interrumpió y lo inquietó para que me preguntara:

- ¿Estás de novio?

- No- le contesté.

- Qué extraño, porque Dios me dice que la mujer por la que estás orando, esa con la que formarás la familia que tanto soñaste, está por llegar a tu vida. Ella va a completar tu vida como lo hizo Abigail con David.

En ese momento casi me desmayé. Esas palabras fueron flechas a mi corazón y no supe qué decir, ni qué hacer, solo me quedé en silencio y lloré de alegría por lo que acababa de escuchar de la boca de un señor al que acababa de conocer. Dios es real y quiere participar de nuestra construcción de vida, haciendo de ella un instrumento para glorificar su nombre. Desde ese día supe que Abigail era la mujer que Dios había soñado para mí.

REFLEXIONEMOS

¿En qué aspectos de tu vida sientes que
Dios está siendo demasiado bueno?

....
....
....
....
....
....
....
....
....
....

¿Cuál es ese anhelo de tu corazón, aun cuando
piensas o sinties que no lo mereces?

....
....
....
....
....
....
....
....
....
....

CAPÍTULO 29

Adora a Dios y él lo hará

Entrad por sus puertas con acción de gracias, por sus atrios con alabanza; alabadle, bendecid su nombre

SALMOS 100.4 RVR60

Luego de que Dios me dio la seguridad de que Abigail era la persona que él aprobaba para mi vida, me animé a hablar con ella. Preocupado por su reacción, tomé aire y le confesé mis sentimientos. Ella se sorprendió, pero me dijo que sentía lo mismo y que desde hacía tres años lo había puesto en sus oraciones. No puedo explicar la alegría que me invadió, era como si en mi corazón se estuviese celebrando un carnaval y no dudo de que en el cielo también había fiesta por nosotros.

Desde aquel momento comencé a vivir una experiencia de adoración a Dios muy especial. Me nacía un profundo deseo de agradecer, alabar y adorar a Dios. Todo lo que Dios había hecho y seguía haciendo en mi vida era la causa principal de mi gratitud y felicidad. Pasaba largas horas de la madrugada leyendo su Palabra, que me daba la confianza que necesitaba para seguir avanzando.

Pensábamos el futuro juntos, él me mostraba lo que deseaba hacer en mi vida y la de mi familia y yo crecía creyendo cada una de sus palabras por más fuertes que parecían. En aquellos días despertó en mí una gran necesidad de aprender a adorar como su Palabra nos enseña: "en espíritu y en verdad", y comencé a buscar un lugar para formarme y, con la ayuda del Espíritu Santo de Dios que nos guía en las decisiones y en el camino correcto, encontré el Instituto CanZion de Marcos Witt, donde realicé el curso ministerial.

Mi vida giraba alrededor de Jesús, no podía pensar la vida sin que Dios fuera su centro. Ese año Abigail y yo decidimos hablar con sus padres, quienes a su vez eran nuestros pastores, y comunicarles que estábamos sintiendo algo más que un amor de amigos. Les pedimos que nos acompañaran en oración y les informamos que esperaríamos a que Dios nos mostrara el tiempo justo para avanzar en la relación y así dar inicio a una etapa de noviazgo. Ellos se sumaron a nuestras oraciones, al igual que mi familia y la iglesia, quienes acompañaron el proceso desde el inicio.

Recuerdo que pocos amigos lograron entender cómo nos estábamos manejando con Abigail, les parecía absurdo que diéramos tantas vueltas para ponernos de novio, inclusive mi papá, quien en aquel entonces estaba teniendo un leve acercamiento a Jesús, siempre me preguntaba: "¿Para cuándo, los confites?". Yo disfrutaba de los tiempos, de conocernos y descubrir a Dios en cada etapa.

No voy a decir que no teníamos ganas de ponernos de novios, pero sabíamos que estaba agendado en los tiempos de Dios, y él se encargaría de que esa fecha y ese día fueran únicos para nosotros.

Mi vida estaba cubierta de actividades, estaba viviendo un ejercicio de formación en alto rendimiento. Trabajaba de noche, dos días iba al Seminario a la mañana, otro día cursaba en la Universidad en modo intensivo y los sábados a la salida del trabajo realizaba el curso ministerial en CanZion. Además participaba de dos programas de servicio en la iglesia, a dos horas y media de viaje desde mi casa. Pero el amor con el que hacía todo me daba las fuerzas para compartir con mi familia, mis amigos y mi amigovia Abigail.

Fueron dos años que viví a una velocidad que no recomiendo, a menos que sea Dios quien conduzca. Puedo asegurar que es riesgoso intentar hacer semejante esfuerzo con la mera fuerza humana. Si no es Dios quien te llama, no vayas; si es Dios quien te llama, no temas. Él mismo proveerá las fuerzas, el tiempo, las capacidades, los recursos y el carácter para soportar las pruebas que cada etapa de la carrera conlleva.

Ese mismo año en el que me graduaba de la Universidad y del Instituto CanZion, y en el que hubiese deseado ponerme de novio, surgió algo inesperado. Los domingos, luego del servicio en la iglesia, iba a mi casa donde vivía con un compañero seminarista, dormía una siesta para recuperar fuerzas y luego iba a trabajar. Esa noche me desperté sobresaltado, había tenido una pesadilla donde me veía en el trabajo y era sorprendido por mi mamá que llegaba llorando como una niña, pero no podía decirme qué le pasaba. Lloró amargamente hasta que se quedó sin fuerzas y se desmayó. En el sueño la alcé en mis brazos y la llevé hasta mi departamento y luego desperté. La angustia que me generó ese sueño me llevó a orar e interceder por mi mamá y mi papá.

Me preparé para ir al trabajo, llegué y comencé con las tareas de rutina. A las doce de la noche me llamó mi hermano Francisco para avisarme que mi papá había fallecido. Me dijo que aún se encontraba en la casa y que mi mamá dormía, por lo tanto no estaba enterada de nada. Rápidamente llamé a Carlos, mi pastor, quien vivía a diez cuadras de mi trabajo y le informé lo sucedido. Cinco minutos después, Carlos pasó a buscarme con su auto para llevarme a la casa de mis padres, a cincuenta kilómetros de distancia.

Todo el camino rogué a Dios que no se despertara mi mamá hasta que hubiésemos podido sacar el cuerpo de mi papá. No era conveniente que ella se encontrara con semejante escenario. Ese fue mi único pedido durante todo el viaje. Cuando llegamos, estaba la policía y había una ambulancia. Logramos sacar a mi papá sin que mi mamá se despertara, lo cual fue un milagro. Minutos más tarde llegó el coche fúnebre.

Todo esto lo cuento porque aun en medio de esa situación difícil, en mi corazón sentía un profundo deseo de agradecer a Dios por los años que me había permitido tener a mi papá. Ese sentimiento superaba ampliamente el de tristeza, dolor y pérdida.

Mi papá había sido una persona de fuertes convicciones, un emprendedor y hombre de negocios. Pero por su ambición por el dinero, que nunca logró tener y menos disfrutar, se olvidó de vivir. Enfermó a muy temprana edad y con él enfermó a su familia. Lo declararon paciente psiquiátrico tras diagnosticarle trastorno bipolar en su juventud. Formó una familia con apenas dieciocho años. Los problemas con su primer matrimonio lo llevaron a la separación y así dejó a cinco hijos para formar una nueva familia. Todos fuimos un poco víctimas de sus persecuciones, paranoias y locuras. Las internaciones lo desalentaban, nunca asumió su enfermedad y la medicación no lo dejaba ser el mismo, sentía que perdía sus habilidades innatas, redujo sus posibilidades económicas y sus competencias laborales eran casi nulas. Perdió sus bienes materiales, los negocios y contactos empresariales, y se sintió fracasado. Tuvo varios intentos de suicidio, los cuales, gracias a Dios, no concretó. Creía que estaba destinado a pasar sus últimos años de vida debajo de un puente.

Sin embargo, Dios supo transformar el dolor, el odio y el rechazo que mi papá había generado en mí y me enseñó a amarlo no por lo que hizo, sino por quien Dios deseó que él fuera en mi vida: mi papá, aquel hombre que Dios mismo había elegido con sus defectos y virtudes, de quien aprendí mucho de lo que hoy soy, quien me enseñó a respetar, a trabajar, a luchar por mis sueños, a amar a mis padres sin importar lo que hagan o digan. Pero aun así debo reconocer que fue muy difícil para mí amar a una persona que trajo tanto dolor e infortunios a la familia. Eso es lo que lo hace aún más trascendente; fue Dios quien intervino para resignificar nuestro amor. Fue Jesús quien nos enseñó a cuidarlo y acompañarlo en cada momento difícil de su vida. Gracias a esa forma de amar pudimos disfrutarlo unos años más durmiendo bajo el mismo techo que mi mamá.

El amor de Jesús es más grande que cualquier fortaleza. Él nos enseñó a amar de una manera única y sin igual. Manera que confunde, que conmueve, que transforma, que paraliza y que derriba fortalezas con el calor más irresistible del que verdaderamente ama. Mediante este amor perseverante logramos perdonarlo, aceptarlo y amarlo con todo nuestro corazón. Hoy lo echo de menos, pero mi corazón se alegra cuando recuerdo que se fue compartiendo la misma fe en Jesús que hoy vivo. Fe que durante mucho tiempo había negado. Me apasiona el final de la historia de mi papá. Después de todo, murió en su casa, al lado de su esposa, cerca de sus hijos y nietos, abrazado a un amor que rechazó durante años. Partió de esta tierra con una tierna sonrisa, dejando a sus seres queridos con una última imagen de paz. Vivió como un guerrero que perdió muchas batallas, pero peleó por sus sueños hasta el cansancio. Gracias, Dios, por mi papá. Hasta el cielo, papi.

REFLEXIONEMOS

Si está vivo ¿Qué te gustaría
decirle a tu papá y a tu mamá?

....
....
....
....
....
....
....
....
....
....

¿En qué situación te viste agradeciendo,
cuando eso no era lo esperable?

....
....
....
....
....
....
....
....
....
....

CAPÍTULO 30

Un nuevo paradigma

Y nadie echa vino nuevo en odres viejos; de otra manera, el vino nuevo romperá los odres y se derramará, y los odres se perderán. Mas el vino nuevo en odres nuevos se ha de echar; y lo uno y lo otro se conservan. Y ninguno que beba del añejo, quiere luego el nuevo; porque dice: El añejo es mejor

LUCAS 5.37-39 RVR60

Una vez finalizados mis estudios en la Universidad y en el Seminario, comencé a buscar un nuevo desafío de Dios para mi vida. En aquel entonces dentro de la iglesia había un departamento que no estaba en funcionamiento: ministrar a los adolescentes y jóvenes del barrio al que pertenecíamos. Así fue como Dios dio inicio a una gran aventura de amor. La adolescencia había sido una edad más que difícil para mí y reencontrarme con ella, así fuera como testigo, me despertaba muchos recuerdos, era como verme en el espejo del pasado.

Me tomé un tiempo para conversar con Dios sobre esta propuesta y, en medio de los diálogos, Dios me mostraba cuán importante podía ser para la vida de muchos adolescentes y jóvenes. Aquellas experiencias que me había tocado vivir, las cuales me llevaron a cometer muchos errores, eran las mismas que vivirían muchos adolescentes y jóvenes a quienes podría ayudar a resolver de una manera diferente de la que yo había elegido.

En esta aventura de altruismo donde Dios me invitaba a ser parte significativa de familias con jóvenes y adolescentes, me rendí al llamado y decidí invertir mi vida en la pastoral juvenil, sin perder más el tiempo. En pos de responder a esta tarea con el mayor compromiso, decidí estudiar en el Instituto de Especialidades Juveniles del Dr. Lucas Leys, actualmente conocido como e625. Allí encontré la guía de Dios para equiparme con recursos, herramientas y estrategias de abordaje para el liderazgo de jóvenes y adolescentes. La experiencia de formación fue increíble, nunca pensé que Dios usaría este espacio para enamorarme tanto de los jóvenes, adolescentes y sus familias. A su vez, logré encontrarle el sentido orgánico y funcional que la iglesia debe tener en la sociedad.

Todo lo que aprendía en el Instituto lo volcaba en un grupo de siete adolescentes que asistían a la iglesia a la que pertenecía. Era un espacio increíble de encuentro, redescubrimiento y ensayo. Prontamente los mismos adolescentes comenzaron a difundir este espacio entre sus pares, amigos, primos, hermanos y vecinos, y dieron a conocer este lugar único para ellos. Habían encontrado seguridad, diversión, confianza, amor incondicional y se sentían comprendidos, aceptados y valorados.

Esos siete adolescentes, que en pocos meses se multiplicaron por diez, estaban desesperados por que llegara el fin de semana para encontrarse y compartir su lugar, aunque fuera por unas horas. Allí podían preguntar sin miedo al ridículo, y recibían los abrazos y la atención que quizás les costaba encontrar en sus casas.

Era un lugar en el que crecíamos todos. No puedo explicar lo mucho que me enseñaron. Lo que aprendí y lo que sigo aprendiendo con ellos no logré obtenerlo en ninguna institución de formación. Es maravilloso lo que Dios puede hacer a través de un niño, un pre, un adolescente o un joven.

Nuestro objetivo como iglesia era acompañar a las familias en el desarrollo integral de sus hijos, niños, adolescentes y jóvenes. Crear alianzas con adultos responsables. Lazos de amor, puentes para la conquista. En medio de esta tarea tan linda logramos descubrir las creencias, las costumbres, los sueños, miedos, necesidades y recursos del barrio.

Nunca olvidaré las experiencias que Dios me permitió vivir en esta práctica ministerial de pastoral juvenil. Dios usó la vida de estos jóvenes y adolescentes para sacar lo mejor de mí y por eso les estaré eternamente agradecido a ellos y a Dios que creyó en mí y me animó a comprometerme. Gracias al grupo Desafío Extremo comprendí cuál es la verdadera función de la iglesia y, si tengo que definirla en una sola palabra, sin dudas es "amar".

Dios estaba preparando mi vida a una velocidad incalculable. En medio de esta actividad pastoral me llegó una propuesta de trabajo por la que debía viajar a Colombia por algunos meses. Era la primera vez que visitaba otro país para desarrollar un proyecto ministerial en el que pondría articular todos los dones y talentos que Dios me había dado. ¡Un sueño cumplido! Siempre había deseado en mi corazón poder ejercitar al cien por ciento todo lo que había aprendido en mis años de formación.

Así que luego de dejar organizado todo en mi trabajo, la iglesia y mi familia, decidí viajar a la Ciudad de Bucaramanga, Estado de Santander, para servir durante tres meses en una iglesia junto a la familia del pastor Díaz Vargas. Durante ese tiempo no solo conocí un nuevo país y gente maravillosa, sino que terminé de confirmar lo que deseaba para mi vida. Aprendí y recibí mucho más de lo que enseñé o pude dar. No logro explicar con palabras todo lo que Dios hizo en mi vida a través de este viaje ministerial.

Luego de cumplir el tiempo en aquella hermosa tierra que guardo en mi corazón, regresé para continuar con mis tareas y proyectos.

Por otra parte, Abi y yo estábamos más cerca de casarnos, pero necesitábamos dinero para lograrlo. Ni bien llegué a la Argentina comencé la búsqueda laboral. Debo admitir que sufrí una crisis muy grande, ya que había regresado de un viaje increíble, donde había experimentado tres meses haciendo lo que más me apasiona que es servir a las familias. Así que buscar un trabajo no fue nada fácil, ya que en mi corazón estaba el deseo de encontrar algo vinculado con toda mi formación y experiencia de vida.

Los días pasaban, y no lograba conseguir trabajo. Los ahorros comenzaron a esfumarse, la fecha de boda estaba cada vez más cerca y mi fe comenzaba a mostrar algunas grietas. Mientras estas nubes negras posaban sobre mi cabeza, yo le decía a Dios: "No quiero un trabajo que me desenfoque de lo que me llamaste a hacer. Yo sé de dónde me sacaste, me restauraste, transformaste mi vida, me llevaste a un tiempo de formación para luego enviarme a servir a las personas que necesitan de vos. No dejes que mi vida se ocupe de tareas para las que no fui creado. Ayudame a conseguir ese trabajo que me hará útil en tus manos, te lo pido en el nombre de Jesús y que se haga conforme a tu voluntad siempre".

Luego de esta conversación profunda y sincera, comenzaron a llegar las propuestas laborales. Sin embargo, ninguna de ellas tenía que ver con mi profesión y mucho menos con mi llamado. Eran propuestas tentadoras, había muy buen dinero de por medio, pero Dios me decía que esperara. Así que decidí esperar aun contra todo pronóstico. Las nubes sobre mi cabeza se ponían cada vez más oscuras. Mis amigos y familiares no podían entender por qué estaba rechazando propuestas laborales de semejante envergadura cuando no tenía trabajo. Apenas con algunas fuerzas llegaba a contestar que Dios se encargaría de explicar lo que ni yo mismo sabía. Esperé hasta tiempos límites, atento y firme en mi convicción de que Dios respondería a su tiempo con el trabajo que le había pedido para mi vida.

Una mañana me desperté muy triste. Ese día se cumplían dos años del fallecimiento de mi papá. Algunos de mis hermanos habían dejado mensajes muy emotivos en las redes sociales y a mí se me dio por ver algunas fotos suyas.

Esa tarde sucedió algo inexplicable. En medio de los recuerdos, recibí un llamado telefónico. No podía identificar el número, pero respondí. Quien me llamaba era de la Dirección General de Niñez del Gobierno de la Ciudad de Buenos Aires. Deseaban tener una entrevista conmigo para un puesto de trabajo. Tomé nota y al día siguiente me presenté. Una de las cosas que más me intrigaba saber era cómo se habían contactado conmigo ya que yo nunca había dejado mi currículum. Luego me enteré de que habían recibido mi hoja de vida por medio de una agencia de trabajo donde yo la había dejado hacía cinco años.

Esas cosas solo Dios las hace realidad. Yo necesitaba urgentemente un trabajo, pero no cualquier trabajo y Dios respondió a su tiempo como solo él lo sabe hacer. Desde aquel día pasé a trabajar con niños, niñas y adolescentes en situación de calle, abandonados o con sus derechos vulnerados. De ese mismo lugar me sacó Dios y ahora me volvía a llevar para ser luz y sal. Poner la vida en las manos de Dios es lo más seguro que nos puede pasar. Eso no significa que sea lo más cómodo o lo menos peligroso, pero es único e incomparable.

REFLEXIONEMOS

¿Cuáles son las problemáticas que más te movilizan?

....
....
....
....
....
....
....
....
....
....

¿Cuáles son esas situaciones que
hoy te pide Dios que le entregues?

....
....
....
....
....
....
....
....
....
....
....

CAPÍTULO 31

Prosigo a la meta

Hermanos, yo mismo no pretendo haberlo ya alcanzado; pero una cosa hago: olvidando ciertamente lo que queda atrás, y extendiéndome a lo que está delante, prosigo a la meta, al premio del supremo llamamiento de Dios en Cristo Jesús

FILIPENSES 3.13-14 RVR60

Quiero terminar diciendo que nada, absolutamente nada de lo que este libro narra, podría haber sucedido sin la intervención de Dios. Desde el principio hasta el final fue Dios quien nos permitió estar con vida a mí y a mi familia, para poder contar lo que nos tocó vivir.

A Dios nada se le escapa. Él tiene todo bajo control, solo que nosotros somos los que por momentos huimos de su protección y de su divina presencia. Mi familia y yo somos fieles testigos del poder de Dios para dar vida en medio de las tinieblas, traer de la psicosis a la neurosis, volver de la enfermedad a la salud, del delito al orden legal y del infierno al cielo prometido.

Muchas veces me pregunté: ¿Dios quiso que yo viviera todas estas cosas? La respuesta es no. Dios nunca pensó para mí las drogas, el delito, ni la violencia. Él tiene pensamientos de bien y no de mal, solo que sus pensamientos, que no son los nuestros, nos guían por un camino que naturalmente nosotros rechazamos.

Durante muchos años viví buscando el éxito, la fama y el premio al mejor. Mi corazón tenía afán de sentir el aplauso, las luces y los elogios. Mi corazón estaba puesto ahí. Primero fue el fútbol y luego el personaje delictivo que creé para sobrevivir en la situación de vulnerabilidad social en la que me encontré. Esta elección me llevó a lastimarme y a lastimar a quienes estaban a mi alrededor. Lo que era imposible restaurar para el hombre, fue posible para Dios.

Y no es que me lo hayan contado, es algo que creí antes de verlo, pero luego que lo vi, decidí no dejar de dar testimonio de estos hechos, que en un principio fueron casi un desecho.

No leí en un libro que Jesús libró de la muerte a una mujer que sufrió el cautiverio, fue mi mamá quien lo vivió. No me explicó un psiquiatra que un loco puede volver a vivir una vida neurótica, fueron mis padres que lo vivieron en carne propia. Fue un obstetra que diagnosticó la esterilidad de mi hermana, pero Dios fue quien la declaró fértil y trajo a nuestras vidas la promesa de fidelidad y soberanía con el nombre de Violeta Díaz. No hubo nada más real para mi hermano Francisco que ese ángel enviado de Dios que lo visitó en medio de su borrachera para decirle que su familia lo estaba esperando, y lo puso sobrio para regresar a los brazos de su madre. No fue un médico que sanó la vida de Nico cuando a los doce años le diagnosticaron leucemia y horas después los estudios dejaron a los médicos sin explicaciones. No fue un centro de adicciones, ni una correccional los que restauraron mi vida de la enfermedad de las drogas. Todo esto y mucho más lo hizo Dios mediante nuestra fe en Jesús.

Que hoy pueda disfrutar la vida casado con la mujer a la que amo, sirviendo a cientos de familias con un mensaje de fe y esperanza, viendo vidas transformadas por el mismo Dios que salvó mi vida y la de mi familia es algo impensado para mí:

Poder servir a cientos de jóvenes y adolescentes que ven en mí un claro testigo del poder de Jesús para transformar cualquier realidad y situación adversa.

Ver en ellos el impulso de esperanza que les provoca escuchar que yo pude lograr con Jesús todo lo que me propuse y que de igual manera ellos podrán hacerlo.

Servir a cientos de niños y adolescentes en situación de calle, quienes no cuentan con nadie más para abrazarlos, besarlos, darles la posibilidad de higienizarse, cambiarse, comer, dormir, acompañarlos en tratamientos contra las drogas, luchando juntos para que salgan de las calles y del delito.

Poder regularizar sus situaciones judiciales, acompañándolos en procesos de salud, visitarlos en comunidades terapéuticas o Institutos de menores, llevándolos al colegio o a visitar a algún familiar que hace tiempo no ven porque lo abandonó o expulsó de su casa.

Hablar con padres de niños, adolescentes y jóvenes, que lloran y sufren por la situación crítica de sus hijos y llorar con ellos como lloraban mis padres y hermanos cuando yo me encontraba perdido en el mundo de las drogas.

Formar a docentes, maestros, líderes, pastores, iglesias, escuelas, equipos de trabajo e instituciones de diferentes especializaciones en la prevención de la enfermedad de las adicciones, es apenas un poco de lo que Dios puede hacer con la vida de un sujeto que se entrega por completo en las manos de su Hacedor.

Es por eso que te animo, te desafío a que pongas tu fe en Jesús, tu esperanza y tus fuerzas en aquel que dio su vida por vos para garantizarte la victoria. Jesús es capaz de ayudarte en cualquier situación que te toque atravesar. Yo lo comprobé con mi vida. Si no fuese así, no habría escrito este libro.

Deseo darte la oportunidad de entregar tu vida a Dios como un día lo hice yo. Fue sencillo, profundo y trascendental. Recuerdo mi conversación con Dios y la voy a dejar aquí para que te sirva de modelo. Pero haceme y hacete un favor: no pierdas el tiempo, el tiempo es hoy y verás cómo se multiplica en las manos de Jesús.

Jesús, sé que viniste al mundo enviado por Dios, que con tu vida trajiste el perdón de pecados y la salvación. Que viviste sin cometer pecados y sin causas te sentenciaron a muerte. Que no te negaste a morir ya que a eso viniste, para que por medio de tu muerte se salde la deuda que cada uno de nosotros generamos con nuestros delitos y transgresiones. Sé que siendo inocente te hiciste culpable, siendo santo te hiciste pecador, que siendo Rey te hiciste esclavo y todo eso por amor a mí. Hoy yo te reconozco como el único hijo de Dios, el único salvador de la humanidad y te entrego lo único que tengo de valor, mi corazón.

Te pido perdón por todos mis pecados y te ruego que me limpies con tu sangre derramada en la cruz. Desde hoy en adelante buscaré tu voluntad para mi vida, aquella que vos encontraste en Dios. Te seguiré por medio del relato bíblico, la oración y mi devoción. Buscaré una iglesia en la que me sienta cómodo para seguirte e imitarte y compartiré la comunión con otras personas que al igual que yo decidieron seguirte. Me esforzaré por cumplir todos tus mandamientos comenzando por amar y perdonar. Buscaré tus consejos para guiar mi vida y te esperaré confiadamente, sabiendo que prometiste regresar a buscar a quienes depositaron su corazón y sus almas en vos.

Mi espíritu te alaba y no quiero alejarme de tu Espíritu.

Gracias por tu salvación, Jesús, te amo. Yo, ...

Si te animaste a hacer esta oración, firmala con tu nombre.

Me siento dichoso de haber compartido mi historia con vos y me encantaría tener noticias tuyas. Este libro inició en mí una nueva etapa y declaro en el nombre de Jesús que de igual manera sucederá en tu vida. Que Dios te usará para amar con mayor intensidad y reflejar a Jesús como nunca antes se había visto. Nunca calles lo que Dios hizo en tu vida, ni dejes de declarar lo que Dios es capaz de hacer en la vida de aquel que cree.

Mis padres enloquecieron por los problemas de la vida; por la locura de mis padres terminé en las drogas, pero gracias a lo que Jesús hizo en mí, mis hijos y toda mi familia vivirán locos de amor por Jesús y contagiarán esta locura a mis nietos y a los nietos de mis nietos, y dejarán como legado a todas las generaciones que me sucedan que la descendencia Kornetz servirá a Jesús hasta su llegada y nunca nadie romperá la herencia que Jesús nos dio por medio de su obra en la cruz. Y generaciones enteras declararán lo que Jesús hizo, hace y seguirá haciendo en esta familia que le pertenece.

Gracias, Dios, por sanar mis heridas y haberme permitido caminar sobre mis cicatrices.

> *Mas el Dios de toda gracia, que nos llamó a su gloria eterna en Jesucristo, después que hayáis padecido un poco de tiempo, él mismo os perfeccione, afirme, fortalezca y establezca.*
>
> 1 PEDRO 5.10 RVR60

REFLEXIONEMOS

¿Cuáles son esas situaciones sobre las que más renegaste de Dios?

....
....
....
....
....
....
....
....

¿Qué te gustaría que Dios haga con esas experiencias?

....
....
....
....
....
....
....
....

NO TEMAS, PORQUE YO TE REDIMÍ; YO TE PUSE NOMBRE, MÍO ERES TÚ. NO TEMAS, PORQUE YO TE REDIMÍ; TE PUSE NOMBRE, MÍO ERES TÚ. NO TEMAS, PORQUE YO TE REDIMÍ; TE PUSE NOMBRE, MÍO ERES TÚ. NO TEMAS, PORQUE YO TE REDIMÍ; TE PUSE NOMBRE, MÍO ERES TÚ. NO TEMAS, PORQUE YO TE REDIMÍ; TE PUSE NOMBRE, MÍO ERES TÚ. NO TEMAS, PORQUE YO TE REDIMÍ; TE PUSE NOMBRE, MÍO ERES TÚ. NO TEMAS, PORQUE YO TE REDIMÍ; TE PUSE NOMBRE, MÍO ERES TÚ. NO TEMAS, PORQUE YO TE REDIMÍ; TE PUSE NOMBRE, MÍO ERES TÚ. NO TEMAS, PORQUE YO TE REDIMÍ; TE PUSE NOMBRE, MÍO ERES TÚ. NO TEMAS PORQUE YO TE REDIMÍ; MÍO ERES TÚ.

WWW.RENACEREDITORIAL.COM

www.ingramcontent.com/pod-product-compliance
Lightning Source LLC
Chambersburg PA
CBHW070320010526
44107CB00004B/365